聖妙吉祥真實名經

談錫永譯著 ● 馮偉強梵校

梵本校譯

《聖妙吉祥真實名經》
為無上密續部重要經典，
說如來藏之觀修，
亦即妙吉祥不二法門之觀修。
由此開展，則可建立為
依金剛薩埵為主尊之《大幻化網續》，
以及一切無二續。

目　錄

序 1

梵校說明 7

根本頌（談錫永譯） 11

正文

1・**根本頌及譯記**（談錫永）

根本頌梵校（馮偉強） 31

甲　前行

一　請問 35

二　答問 69

三　觀照六種姓 81

乙　正行

一　幻化網現證菩提 85

二　金剛界大壇城 91

三　清淨法界智 119

四　大圓鏡智 171

五　妙觀察智 193

六　平等性智 279

七　成所作智 327

丙　後行讚如來智 357

2·**長行**（馮偉強譯）

甲　六輪功德

一　第一輪功德 369

二　第二輪功德 371

三　第三輪功德 375

四　第四輪功德 379

五　第五輪功德 383

六　第六輪功德 387

乙　咒鬘及結頌

一　咒鬘 389

二　結頌 391

附錄

《妙吉祥真實名誦教授》

（妙吉祥友造、談錫永譯） 397

序

談錫永

一

《聖妙吉祥真實名經》（*Ārya-Mañjuśrī-nāma-saṃgīti*）為無上密續部重要經典，說如來藏之觀修，亦即妙吉祥不二法門之觀修。由此開展，則可建立為依金剛薩埵為主尊之《大幻化網續》（*Māyājālatantra*），以及一切無二續。

於菩薩乘（Bodhisattvayāna，大乘 Mahāyāna），如來藏（tathāgatagarbha）諸經及瑜伽行（Yogācāra）諸論，即三轉法輪時所說，其主旨即為引導學人依瑜伽行觀修而成轉依（āśrayaparāvṛtti），此即轉捨「識境」（vijñāna-gocara）而依「智境」（jñāna-gocara），由是現證智識雙運之如來藏，於中智境與識境無二（前者為佛內自證智，後者為智功德，是故無二），故說為「不二法門」（advayadharmamukha），亦即「妙吉祥法門」（Mañjuśrīdharmamukha）。

此「智識雙運」亦即二種菩提心雙運。佛內自證智（pratyātmārya-jñāna）為勝義菩提心，佛內自證智功德（guṇa）為世俗菩提心（由功德故，一切識境始能生起，故為世俗）。故知如來藏即不二法門之二種菩提心。

由是即知，釋迦三轉法輪所說，實與釋迦開許由妙吉祥（Mañjuśrī）所說之不二法門完全相順，彼此僅為「法異門」（dharma-prayāya）。

以由觀修瑜伽行而現證「智識雙運」之大中觀（dbu ma chen po）故，凡觀修如來藏者，今時即名為「瑜伽行中觀」（rNal 'byor spyod pa'i dbu ma），此與古時所判之部居相比，名雖不同，但判別實同，其詳可見於拙《甯瑪派四部宗義釋》[1]。故三轉法輪諸經，說如來藏者當然以之為果，即說瑜伽行諸經亦無不以如來藏為果。

以是之故，本經之重要可知。蓋本經明說為「幻化網現證菩提」（māyājālābhisaṃbodhi），本經即「現證菩提」之「幻化網」教法。

二

本經於藏土深受重視，既譯出印度諸論師、諸大阿闍梨之釋論，藏中諸師亦多釋論，唯漢土則較忽視此經，雖有四本異譯，而釋論則付闕如。抑且，藏土對本經有觀修之傳授，於漢土則未聞有依本經之觀修。

近年筆者著力於弘揚如來藏，見地依大中觀之二諦而說，觀修依四重緣起而說，所說已先後成書，今後亦當續說，因此覺得，整理及說明本經，實為要務，由是於西元二千又四年起發動，至今已略告完成。

整系列關於本經之譯著，今姑且訂定為三本 ——

一、本書為第一本，內容為依梵文譯出本經，根本頌由筆者譯出，長行部份則由馮偉強譯。馮君且依五種梵文整理本與四本漢譯對勘。譯文部份附有筆者之〈譯記〉（名為【無畏譯記】），參考漢藏諸譯而作說明。

[1] 台北：全佛文化，2008。

二、於諸釋論中，選出月官（Candragomin）、無垢友（Vimalamitra）、月賢稱（Candrabhadrakīrti）三家釋論以作繙譯（此由馮偉強主譯，沈衞榮及邵頌雄作技術上之支援）。並附筆者之〈導論〉。三釋論中，前二者為通釋，後者則詳說壇城之觀修。於〈導論〉中，當有所說明。

三、本經之漢藏對勘。此項工作極為煩重，甚於梵漢對勘，主要由沈衞榮負責。於中敦煌藏譯本相當重要，可能引發更多研究。

今先出版第一本，餘二本將陸續成書交付出版（將來可能另有譯著，目前則暫未有此計劃）。

三

於宗義書中，疑為八世紀時智軍（Ye shes sde）所造之《佛家大小三乘與外道見地分別略說》（*Sang rgyas pa'i theg pa che chung gsum dang mu stegs la strogs pa'i lta ba nutor bsdus te khyad par du phye ba*），將大乘中觀宗分為「外戲論中觀」（phyi rol ba'i dbu ma）及「內瑜伽中觀」（nang gi rnal 'byor gyi dbu ma），此中內瑜伽行中觀，當即今日無上密乘之瑜伽行中觀，即大中觀。

然其後十四世紀，噶當派（bKa' gdams pa）之衞巴明慧（dBus pa blos gsal），則判別中觀宗分三：1、經部行中觀（mDo sde spyod pa'i dbu ma）；2、瑜伽行中觀（rNal 'byor spyod pa'i dbu ma）；3、世間極成行中觀（'Jig rten grags sde spyod pa'i dbu ma）。於第3又分為二：自續派（Rang rgyud pa）、應成派（Thal 'gyur ba）。表列其說則為——

- 中觀
  - 經部行中觀 —— 清辨
  - 瑜伽行中觀 —— 寂護、獅子賢
  - 世間極成行中觀 —— 智藏、月稱
    - 自續派 —— 清辨
    - 應成派 —— 佛護

大中觀者，可稱為「隨順經部之瑜伽行中觀」，如是始合「內瑜伽中觀」之義。此又可分為二部或三部。分「他空」（gzhan stong）與「離邊」（mtha' bral）者，是為二部，更於「離邊」中別出「了義」（nges don），即為三部。

於漢土，華嚴宗應屬他空，禪宗應屬離邊以至了義。

於藏土，覺囊派為他空；噶舉、薩迦二派為離邊；甯瑪派則為了義。

是故本經，亦可依他空、離邊、了義三種見地解讀。

「他空」者以勝義不空，所當空者為外加於勝義上之世俗，故於本經，如來法身不空，其所幻化之壇城則可空，由是色身（rūpakāya）證入法身（dharmakāya），轉識成智，現證如來藏。

「離邊」者則證離四邊以現證無生（anupāda），無生者即是如來法身，是故依本經觀修之壇城，即是落邊執之識境，依之觀修以離四邊，即由無生而現證法身，是即現證如來藏，由是亦現證一切法為無生。

「了義」者略同離邊，唯視識境自顯現與其所依之智法身無二，由離四邊可悟入無二，然仍須由此無二之決定，現證智識雙運，斯即為如來藏之現證。本經所說幻化壇城，即識境自顯現。其後讚如來智諸頌，則為讚禮法身，是即轉識成智之所依境。

將來於〈導論〉中，將較詳細說明於中之開合，今只略作說明，以便讀者。

四

今之唯識學人，已多不識修瑜伽行，且視瑜伽行中觀為密宗，而以顯密不同而自外，甚且具偏見更認為密宗不純，以至視為邪門，由是唯流為嘴皮生活，有說無修，其說更偏離彌勒瑜伽行，由是轉識成智即成虛話。

中觀學人之自詡為顯宗者，唯說緣起，以緣生性空即是中道，唯既不知緣生之究竟，亦不知空性如何施設，於是自困於識境，無從悟入智識雙運，亦多無依中道見建立之觀修，於是亦不成悟入。

觀修瑜伽行中觀者稱為密宗，實以其依甚深秘密緣起以觀修甚深秘密如來藏，然於今密乘弟子，能明如來藏者亦少，更多不明轉依，唯修密乘儀軌以求感應獲福、以求加持世法、以求神通駭世。

於此三種學人，若能通達本經，即當能知佛家之所說所修。本經系列三書，即期望能達到這目的，其不足處與疏漏處，尚祈高明賜正，是為至感。

西元二千又七年除夕　無畏

梵校説明

梵校說明

一、本梵校參考現存梵文本，與《大藏經》四個漢譯木作對勘。

二、現存梵文整理本分別為：

- I.P. Minaev, *Buddizm Izsledovaniya i Materialui* (St. Petersburg, 1887) Vol. II: 137-159.
- Raghu Vira, *Mañjuśrīnāmasaṃgīti.* New Delhi: International Academy of Indian Culture, 1966.
- Durga Das Mukherji, *Āryamañjuśrīrnāmasaṃgīti: Sanskrit and Tibetan Texts.* Calcutta: Calcutta University press, 1973.
- Ronald Davidson, "The Litany of Names of Mañjuśrī: Text and Translation of the *Mañjuśrīnāmasaṃgīti,*" in Michel Strickmann, ed., *Tantric and Taoist Studies in Honour of R.A.* Stein (Volume One). Bruxelles: Institut Belge des Hautes ētudes Chinoises, 1981: 1-69.

Davidson 參考上述三個梵文整理本的異同，及對比現存藏譯本，重新整理出一個梵本，此即為校勘時主要所用。而根本頌與長行所附的梵文亦根據此梵本。

- Alex Wayman, trans. *Chanting the Names of Mañjuśrī: The Mañjuśrī-nāṃa-samgīti. Sanskrit and Tibetan Texts*. New Delhi, Motilal Banarsidass, 1999. Wayman 的梵文本主要根據 Minaev 整理本及北京梵藏木刻板。據 Wayman，此木刻板所收錄的梵本實為藏文的轉寫，並附上藏文繙譯。今於校勘時，Wayman 本亦為主要參考。

三、《大藏經》漢譯本分別為：

- 《佛說最勝妙吉祥根本智最上秘密一切名義三摩地分》
  宋・施護譯，大正・二十，no. 1187。
- 《文殊所說最勝名義經》
  宋・金總持譯，大正・二十，no. 1188。
- 《佛說文殊最勝真實名義經》
  元・沙囉巴譯，大正・二十，no. 1189。
- 《誦聖妙吉祥真實名經》
  元・釋智譯，大正・二十，no. 1190。

根本頌

《聖妙吉祥真實名經》
梵名：Ārya Mañjuśrī-nāma-saṃgīti

甲 前行

一 請問

皈依妙吉祥真實孺童

1 爾時吉祥金剛持　難調能調眾中勝
降三世間勇猛者　金剛自在秘密主

2 眼圓滿開如白蓮　面如盛放青蓮花
自手執持勝金剛　須臾不斷作旋擲

3 〔化現〕無數金剛手　顰眉波紋等〔現相〕
勇猛調服難調者　勇猛且極怖畏相

4 自手向上作旋擲　金剛杵尖出勝光
智慧方便之大悲　利益有情極殊勝

5 具足悅樂作隨喜　顯現忿怒身形相
於行佛行怙主前　眾皆恭敬作曲躬

6 向彼怙主等正覺　世尊如來作敬禮
雙手合掌作恭敬　於前端坐而告白

7 請利益我饒益我　遍主願能慈念我
令我得能如實得　幻化網現證菩提

8 無智泥中成沒溺　有情煩惱亂心性
利益一切有情眾　願令獲得無上果

9 等正覺尊祈開示　世尊教主世間師
證大誓句真實智　勝解諸根心行者

10 於世尊之智慧身　於大頂髻言詞主
妙吉祥智慧勇識　出自顯現智化身

11 誦其殊勝真實名　是甚深義廣大義
無比大義寂吉祥　初善中善及後善

12 過去諸佛皆已說　於未來亦當演說
現在究竟等正覺　亦遍數數作宣說

13 大幻化網大續中　大金剛持歡喜眾
持密咒眾無量數　唱讚宣揚請善說

14 怙主願我能受持　諸等正覺之密意
直及至於出離時　我堅心意而受持

15 為諸有情請宣說　隨順有情心差別
令其無餘斷煩惱　令其無餘離斷滅

16 如是密主金剛手　至如來前作啟請
合掌告白而恭敬　告已恭坐於其前

上來請問十六頌。

二　答問

17　時釋迦牟尼世尊　　等正覺者兩足尊
自面門出微妙舌　　靈動卷舒而廣長

18　示現微笑以淨除　　一切世間三惡趣
光明遍照三世間　　調伏四魔諸怨敵

19　以能周遍三世間　　美妙梵音作答讚
讚彼秘密〔自在〕主　　具大力之金剛手

20　善哉吉祥金剛持　　善哉汝是金剛手
汝為利益諸世間　　故是具足大悲者

21　誦彼妙吉祥智身　　真實名有大義利
能作清淨除罪障　　於我精勤應諦聽

22　我今當為秘密主　　為汝善妙作宣說
心一境性而諦聽　　唯然世尊此善哉

上來答問六頌。

三　觀照六種姓

23　爾時釋迦世尊觀　　一切密咒大種姓
即密咒持明種姓　　以及三觀修種姓

24　世間出世間種姓　　能照世間大種姓
最上大手印種姓　　及大頂髻大種姓

上來觀六種姓二頌。

乙 正行

一　幻化網現證菩提

25　言詞主尊宣偈頌　　頌中具六密咒王
彼是無生之法有　　無二相應而現前

26　a ā i ī u ū e ai　　o au aṃ aḥ安住於心
三身無分別諸佛　　我是佛即智化身

27　嗡金剛利斷煩惱　　般若智化身智身
辯自在五字文殊　　我今向汝作皈依

上來幻化網現證菩提次第三頌。

二　金剛界大壇城

28　如是世尊諸佛陀　　等正覺由 a 字生
a 字一切字中勝　　是具大義微妙字

29　大生機者實無生　　此即遠離於言說
是一切說殊勝因　　令一切語放妙光

30　大供養者之大貪　　一切有情令歡喜
大供養者之大瞋　　一切煩惱大怨敵

31　大供養者之大癡　　以愚癡心除愚癡
大供養者之大忿　　即大忿恚之大敵

32 大供養者大慳貪　一切慳貪皆斷除
大愛欲以及大樂　大喜悅與大享樂

33 大形色與及大身　大顯色與大形相
大名與及大廣大　以及大廣博壇城

34 大般若劍執持者　持大煩惱鈎勝者
具大名稱大美譽　大顯現及大明照

35 賢者持此大幻化　成就大幻化義理
其樂為大幻化樂　能幻大幻化所幻

36 大布施主最上尊　大持戒者最殊勝
大安忍者具堅忍　大精進者勝摧伏

37 大禪定中住等持　大般若而持身者
大力大方便具足　大願是勝智大海

38 大慈之類無量數　大悲則具殊勝意
大般若者具大慧　大方便者大作業

39 具大神通之能力　大勢用及大疾速
大神通亦大名稱　大力用為征伏者

40 三有大山能摧壞　大金剛持不可摧
大殘暴即大緊張　大怖畏中施怖畏

41 尊勝大明之怙主　尊勝大密咒上師
住於大乘義理中　是大乘道尊勝者

上來金剛界大壇城十四頌。

三　清淨法界智

42　彼大毘盧遮那佛　具大寂默大牟尼
自大密咒理出現　具大密咒自性理

43　十波羅蜜多能得　十波羅密多安住
十波羅蜜多清淨　十波羅蜜多理趣

44　十地自在之怙主　安住於彼十地中
具十智清淨我性　十智清淨受持者

45　十行相十義義利　寂默主十力遍主
行相無餘成利益　於十行相大自在

46　無始來時離戲我　清淨我如如性我
真實語而如其語　如語而行不異語

47　以無二而說無二　住於真實之邊際
由是無我獅子吼　惡外道獸極怖畏

48　周遍一切不空趣　疾速猶如如來意
勝者勝敵勝怨敵　大力猶如轉輪王

49　眾之主尊眾之師　眾王眾主具自在
以其執持大威德　大理不受他人引

50　語王語主辯無礙　言說之主詞無邊
以真實語說真實　是四聖諦宣說者

51　以不退轉故不還　麟角喻獨覺者師
種種出離中出離　大本有中唯一因

52	阿羅漢漏盡比丘	離欲調伏諸根境
	得安樂亦得無畏	得清涼亦無垢濁
53	圓滿明行足	善逝世解勝
	無我無我所	安住二諦理
54	已到輪迴彼岸邊	所作成辦住於岸
	唯一智中所浮現	以般若器作斷除
55	妙法之具明法王	能照世間故最勝
	法之自在法之王	是妙善道宣説者
56	義成就及願成就	一切分別盡捨離
	無分別界無窮盡	勝妙法界無有盡
57	具福得積福資糧	智為大智之生處
	唯知有無之智者	是能積集二資糧
58	常住遍勝觀行者	定中所觀具智尊
	內自證智不變動	本初最勝持三身
59	佛陀五身性	遍主五智性
	頂冠五覺性	五眼持無著
60	一切諸佛之生者	無上尊勝諸佛子
	無生處而智出有	離三有者法生處
61	唯一不壞金剛性	即生即作世間主
	虛空中生自然生	大般若智如大火
62	遍照大光明	智光遍照耀
	智炬世間燈	大威光燦爛

63 明王尊勝密咒主　密咒王作大義利
希有頂髻大頂髻　虛空主現種種相

64 諸佛我性最勝有　〔觀照〕世間歡喜眼
由是隨現種種色　大仙供養且尊重

65 具持密咒三種姓　受持大誓句密咒
護持三寶為最勝　最上三乘說法者

66 不空罥索能勝伏　金剛罥索大攝受
金剛鐵鈎大罥索

上來清淨法界智二十五頌，
〔其中一頌〕四分一缺。

四　大圓鏡智

怖畏金剛能怖畏

67 六面怖畏忿怒王　六眼六臂皆具力
張牙露齒佩髗鬘　訶羅訶羅毒百面

68 閻鬘德迦障礙王　具金剛力怖畏相
金剛名稱金剛心　幻化金剛具大腹

69 金剛生處金剛主　金剛心髓如虛空
不動一髻具傲慢　所著大象生皮衣

70 發哈哈聲大肉緊　發嘻嘻聲嚴畏相
發哄笑聲發大笑　金剛笑聲大雷音

71	金剛薩埵大薩埵	金剛王者具大樂
	金剛暴惡大歡喜	金剛吽聲作吽吼
72	執持金剛箭兵器	金剛劍能斷無餘
	金剛眾持諸金剛	獨股金剛能退敵
73	惡目生起金剛火	髮鬘即如金剛燄
	金剛遍入大遍入	金剛眼為一百眼
74	金剛尖毛遍於身	集金剛毛成一身
	指甲端如金剛尖	金剛堅固厚硬皮
75	持金剛鬘具吉祥	金剛莊嚴為莊嚴
	哈哈高笑成妙音	六種子字金剛音
76	以妙音發大響聲	三世間中唯一音
	既周遍於虛空界	較世間音為最勝

上來大圓鏡智十頌，加四分一。

五　妙觀察智

77	如如真實而無我	於真實際離字句
	宣說空性具力尊	甚深廣大發雷音
78	法螺大樂音	法犍椎大音
	於無住涅槃	十方鳴法鼓
79	無色或具上妙色	及意所生種種色
	吉祥光照一切色	是持影像無餘者

80 無能勝故稱大主 於三界中大自在
住於最極聖道中 樹大賜福之法幢

81 三界唯一孺童身 耆年長老或生主
亦持三十二種相 端嚴受三界鍾愛

82 具世間解功德師 辯才無礙世間師
三界歸心勝怙主 皈依無上救護處

83 遍空受用樂 一切智智海
劈破無明㲉 能壞三有網

84 無餘煩惱息 渡越生死海
戴冠作智灌 等正覺莊嚴

85 三苦諸苦皆寂息 三盡無邊三解脫
一切障礙悉得離 住於虛空平等性

86 超越一切煩惱垢 三時無時住究竟
一切有情之大龍 功德頂冠之冠頂

87 從諸蘊解脫 妙住虛空道
持大如意寶 寶中勝遍主

88 大如意樹極豐茂 最勝廣大善妙瓶
能作有情諸利益 慈憫有情能利樂

89 知淨不淨復知時 了知誓句具誓主
知根器且知時機 亦精通於三解脫

90 具功德者知功德 知法讚嘆生吉祥
一切吉祥中吉祥 具福名稱淨善名

91 大法筵中大蘇息　得大歡喜與大樂
恭敬承侍悉具足　勝喜吉祥名稱主

92 具勝施勝最尊勝　無上皈依皈依處
大怖畏之最勝敵　怖畏消除更無餘

93 頂髻分結成分髻　結吉祥草戴頂冠
如是五面具五髻　五髻各繫花冠帶

94 持大禁戒作圓頂　以梵行為最上戒
苦行究竟大苦行　最上沐身喬達摩

95 梵婆羅門知淨梵　於梵涅槃得證時
釋離度脫度脫身　解脫寂性之寂者

96 涅槃寂滅與寂靜　妙出離即盡邊際
淨除苦樂至究竟　離欲即為諸蘊盡

97 無能勝亦無倫比　不明不現不能顯
不可分之周遍行　微細無漏離種子

98 無塵離塵與離垢　遠離過失離疾患
妙悟遍覺之自性　遍智遍知故善妙

99 超越心識與法性　得持色相無二智
無分別而無功用　三世正覺作事業

100 佛陀無始終　本初佛無因
唯一智眼淨　如來具智身

101 大言說者辯自在　言說權威言說王
說者中尊最尊者　言說獅子無能勝

102 具勝喜而遍見者 具火鬘為眾樂見
吉祥德相具光輝 手光嚴飾光音光

103 大良醫中最勝者 能除痛刺故無比
亦是無餘諸藥樹 能作煩惱病大敵

104 可喜三界標幟相 吉祥星宿具壇城
十方虛空無盡際 廣大樹立勝法幢

105 世間廣大唯一傘 慈悲壇城為所具
吉祥蓮花舞自在 廣大遍主大寶傘

106 一切佛大王 持諸佛性身
諸佛大相應 諸佛唯一教

107 吉祥金剛寶灌頂 一切寶主自在者
一切世間自在主 一切金剛持主尊

108 一切佛大心 住一切佛意
一切佛大身 一切佛辯語

109 金剛日之大明照 金剛月之無垢光
離根本欲即大欲 種種色為熾燄光

110 佛金剛跏趺 持佛唱讚法
吉祥蓮花生 持一切智藏

111 持諸幻化王 廣大佛持明
金剛利大劍 清淨勝文字

112 大乘能斷諸苦惱 金剛法為大兵器
金剛甚深勝中勝 金剛覺如義理知

113	波羅蜜多盡圓滿 究竟清淨法無我	於一切地具莊嚴 正智如月心光燦
114	幻化網大精勤者 全數金剛結跏趺	一切密續最勝主 而持無餘智慧身
115	普賢具妙慧 一切佛大藏	地藏持眾生 持種種化輪
116	一切有具勝自性 是即無生法諸義	一切有皆持自性 諸法自性能執持
117	一剎那間大般若 現觀一切諸法者	證一切法而能持 上智牟尼知究竟
118	無動最極澄明我 即一切佛之現證	持於等正覺菩提 智火熾燄極光明

上來妙觀察智四十二偈頌。

六　平等性智

119	最上所樂義成就 一切有情勝導師	一切惡趣悉清淨 一切有情令解脫
120	煩惱陣中獨勇猛 具足樂空智吉祥	摧殺無知傲慢敵 具持勇健醜惡相
121	振百手而揮諸杖 百臂旋動而吉祥	足進止而作舞者 遍滿虛空之舞者

122 大地壇城之分界 以一足底力壓之
足拇指爪復抓壓 淨梵天界之尖頂

123 不二法義即唯一 是最勝義不可壞
種種表義色法義 具心與識之相續

124 有境無餘皆具樂 樂空是即無上智
有法之貪超越後 於三有中具大樂

125 清淨猶如白雲白 妙光猶如秋月光
端嚴猶如初日輪 大紅爪甲具光輝

126 妙髻頂尖帝青寶 勝髮押以大青玉
大摩尼珠吉祥光 佛所變現莊嚴具

127 百世間界皆震動 〔四〕神足具大趣向
持大憶念具如性 四念住之等持王

128 七覺支花香 如來功德海
解八正道旨 知覺正覺道

129 大愛著於諸有情 實無所著如虛空
於諸有情意中生 疾速如諸有情意

130 知一切有情根境 移一切有情心意
知五蘊義之如性 持五蘊之極清淨

131 住諸出離之邊際 能善巧於諸出離
住諸決定出離道 於諸出離能宣說

132 拔除十二有支根 而持十二清淨相
具知四諦行相義 八智覺知而受持

133 具有十二諦義相 能知十六如如相
以二十相成正覺 一切勝解遍覺者

134 無量諸佛之化相 令顯現為億萬身
剎那現證於一切 亦知一切剎那心

135 以種種乘方便道 令顯現為世義利
由是三乘定出離 而唯住於一乘果

136 煩惱界具淨我性 盡諸業界能滅盡
平息暴流而渡過 觀修稠林能出離

137 煩惱隨煩惱雜染 以及習氣皆捨離
般若方便具大悲 不空世間成義利

138 捨離一切概念義 持於識境之寂滅
具足有情諸意境 趣入一切有情意

139 住入一切有情意 於彼心中平等住
滿足一切有情意 一切有情意具樂

140 捨離立宗之過失 一切迷亂皆消除
於三世得無疑智 一切義利三德性

141 五蘊義於三時中 每一剎那善觀察
剎那現證等正覺 具持一切佛自性

142 無支分身最勝身 觀察諸身之邊際
無餘色相能變現 寶幢具大摩尼頂

上來平等性智二十四頌。

七 成所作智

143 諸等正覺者所悟 皆為無上佛菩提
密咒生處無文字 說為三部大密咒

144 生出一切真言義 皆由無字大明點
五文字者即大空 百字亦實為空點

145 一切形相無形相 十六半半持明點
超越支分與算數 持於第四禪之頂

146 知一切禪定支分 等持種姓及傳承
等持身為最勝身 一切受用身之王

147 化身亦為最勝身 受持諸化佛傳承
周遍十方而化現 隨宜世間作義利

148 天中天及諸天主 天帝及阿修羅主
無滅天主與天師 摧壞天摧壞天王

149 渡過三有之荒野 唯一導師眾生師
世間十方名稱遍 是為廣大法施者

150 具慈擐甲作莊嚴 具悲鎧甲披甲者
以般若劍及弓箭 作離煩惱無智戰

151 勇猛降魔魔之敵 四魔怖畏能除去
一切魔軍能降伏 世間導師正覺者

152 應禮應供應恭敬 是應恆常受承侍
最受尊敬及尊崇 皈依最殊勝上師

153 一步能遊於三界　　如空無邊而跨步
淨行者具三明淨　　具六神通六隨念

154 菩提薩埵大勇識　　具大神足超世間
成就般若波羅蜜　　能達般若如如性

155 一切自明與他明　　勝數取趣利一切
超越一切諸譬喻　　能知所知殊勝主

156 是為最上法施主　　宣說四種手印義
為行三出離種姓　　作諸世間承侍主

157 勝義清淨具吉祥　　廣大三界之勝福
一切圓滿皆吉祥　　最勝吉祥妙吉祥

上來成所作智十五頌。

丙　後行讚如來智

158 勝施金剛我皈依　　真實邊際我皈依
於空性藏我皈依　　諸佛正覺我皈依

159 諸佛貪樂我皈依　　諸佛色身我皈依
諸佛欣悅我皈依　　諸佛遊戲我皈依

160 諸佛微笑我皈依　　諸佛戲語我皈依
諸佛正語我皈依　　諸佛有法我皈依

161 由無而生我皈依　　從佛因生我皈依
由虛空生我皈依　　從智因生我皈依

162 於幻化網我皈依　　諸佛戲舞我皈依
一切一切我皈依　　〔如來〕智身我皈依

上來讚五如來智五頌。

丁 結頌

163 爾時吉祥金剛持　　合掌悅樂作隨喜
向彼怙主等正覺　　世尊如來作敬禮

164 其餘諸種怙主眾　　秘密主與金剛手
與忿怒王同讚嘆　　高聲如是而白言

165 怙主我等今隨喜　　善哉善哉善妙說
令我等得大義利　　正等正覺能證得

166 世間無所依怙故　　由是渴求解脫果
宣說幻化網妙理　　此乃清淨吉祥道

167 甚深微妙與廣大　　為世間作大義利
如是諸佛之境界　　正等覺者已宣說

上來結頌五頌。

大日如來

Vairocana

正文

根本頌及譯記
根本頌梵校

《聖妙吉祥真實名經》
梵名：Ārya Mañjuśrī-nāma-saṃgīti

【梵校】

1 本經梵文經題可見於結句，為：Mañjuśrījñānasattvasya paramārthā namasaṃgīti。若對譯，則可譯為《妙吉祥智勇識最勝義名誦》。

2 大藏經四個漢譯本經題均異，分別為：
《佛說最勝妙吉祥根本智最上秘密一切名義三摩地分》- 施護譯
《文殊所說最勝名義經》- 金總持譯
《佛說文殊最勝真實名義經》- 沙囉巴譯
《誦聖妙吉祥真實名經》- 釋智譯

【無畏譯記】

（一）約於西元二千零四年頃，沈衛榮君發起校勘《妙吉祥真實名經》，校勘所依為兩種藏譯、四種漢譯，校勘工作基本於二千零六年完成，期間，馮偉強則另作梵漢校勘，亦於二千零七年中完成。唯於是年，沈君更欲採敦煌藏譯本更作校勘，故其校勘工作又須時日。

今重譯此經根本頌，主要依據梵文原典，復參考馮偉強梵校及沈衛榮藏校而成。林英津之西夏譯本亦提供不少有用資料。所遺憾者，則為未能參考敦煌藏譯。此待沈衛榮君校勘完成時，再作補充，或已不須補充，因目前所據資料已基本完備，敦煌藏譯可能根據另一梵本，此梵本至今尚未面世，是則沈君校出之異文，應能為此失佚梵本提供若干綫索，但在繙譯工作上則實應另行繙譯，而非據此以否定今傳梵典。

故今繙譯所依，即為目前已完成之梵藏校勘所用文獻，梵文部份資料已見於校勘說明，於此不贅。

本經復有長行部份，分六輪說功德，然後殿之以文殊咒及結頌。此部份則由馮偉強依梵文原本譯出，筆者略加疏解。

於繙譯時，筆者依大中觀之如來藏見以作抉擇。妙吉祥之「不二法門」以及「菩提心」，皆為如來藏之法異門，且為同一層次之法異門，故本經意趣實可用如來藏見予以闡述。或疑何以不用不二法門？此則以二者實無二致故。不二即是唯一，唯一即說佛內自證智，唯於說如來藏時，則依佛內自證智境而施設「智識雙運界」，故較不二法門更易表達如來法身與法身功德之雙運。此理將於〈導論〉中說及，於此不贅。

唯隨文寫成【譯記】，以便讀者參考。於譯記中，除說明緇譯之所依據外，亦隨文稍説義理，當能幫助讀者理解頌文。

（二）本經梵本經題，流行者為 Ārya Mañjuśrī-nāma-saṃgīti。逐字對譯則為「聖妙吉祥名合誦」，未見有「真實」之義。

另傳梵文經題：Mañjuśrījñānasattvasya paramārthā namasaṃgīti 中，有 paramārthā 字，此即可譯為「真實」。但疑此經題為後起，此經題實為隱括現存梵本之結句而成。比較此經題 Mañjuśrījñānasattvasya paramārthā nāmasaṃgīti，與結句 bhagavato mañjuśrījñāna sattvasya paramārthā nāmasaṃgītiḥ parisamāptā 即可知。

此中 bhagavato 或可譯為「佛説」，此或即漢譯中施護及沙囉巴所譯經題之所據。

但其實 saṃgīti 亦已隱含「真實」之義。此字本義為合誦、合唱，或奏樂和唱，凡演唱皆須能表達樂曲所涵意境，此即演繹樂曲之真實。結集佛所説經須先合誦，故此字又用作表示「結集」。然結集佛經即表達佛所説之真實義，故 saṃgīti-kara 一詞，意為「結集者」，於《梵漢對校緇譯辭典》則譯之為「真實收」（此據林光明、林怡馨《梵漢大辭典》），此即可見 saṃgīti 原已具「真實」之義。

此梵文經題全義實為——誦「妙吉祥」此名之真實義。故四本漢譯，以釋智所譯《誦聖妙吉祥真實名經》為最合，「經」字為外加，梵本所無，然為隨順世間通行體例，加之亦無不可。

「妙吉祥」名之真實，即如來藏，亦即不二法門，二者雖為法異門，但所演述之義理則皆為如來法身與如來法身功德之雙運（筆者名之為「智識雙運界」。見拙〈如來藏決定〉，收《如來藏二諦見——不敗尊者說如來藏》，中國藏學出版社，《漢藏佛學研究叢書》第三種，2007 年）。

如來法身即佛內自證智境界，此境界具足大悲，即為如來法身功德。以大悲力，諸識境可於智境中隨緣自顯現，由是智境識境永恆雙運，無生無滅、無離無合。

就智境中有識境自顯現，可稱此智境（或智識雙運境界）為如來藏。

就無生無滅，可成立不二法門。以此法門能離識境中施設之相對，如生滅、常斷等，得由證不二而入佛智境界。既入，則無間而轉起智悲雙運菩提心。

妙吉祥之「妙」，梵文 mañju（音譯「文殊」），意為柔美（和雅之美境），漢譯為「妙」，是第一流繙譯，因為隱含「妙不可言」之意，表達出佛內自證智境不可思議（無可言說）。

至於「吉祥」，梵文 śrī（音譯「師利」），意為功德，即指如來法身（佛內自證智）所具功德，亦即指藉此功德始能隨緣自顯現之識境。譯為「吉祥」，亦為極完美的繙譯，以能具一切界之識境自顯現，故是吉祥。

如上所言，即知「妙吉祥」之真實名。

（三）故本經所述，即為「轉識成智」之修習，瑜伽行派名之為「轉依」，即行者由依識覺、住識境，轉而為依智覺、住智境（智識雙運界）。此固為本經所述之主旨，而所顯者實為如來藏修習，故亦可說為修習「妙吉祥真實名」。

甲 前行

一 請問

皈依妙吉祥真實孺童[3]

1 爾時吉祥金剛持[4]　難調能調眾中勝
降三世間勇猛者　金剛自在秘密主[5]

【梵校】

頌 1 梵文為：

namo mañjuśrī kumārabhūtāya//
atha vajradharaḥ śrīmān durdāntadamakah paraḥ/
trilokavijayī vīro guhyarāṭ kuliśeśvaraḥ//

[3] 此句梵文為：namo mañjuśrī kumārabhūtāya。
梵本另有二種版本，分別為 oṃ namah śrīmañju-nāthāya（唵 皈依妙吉祥依怙）及 oṃ namo mañju-nāthāya（唵 皈依文殊依怙）。於漢譯本中，只沙囉巴與釋智有皈依一句，分別為：「南無文殊菩薩」及「敬禮孺童相妙吉祥」。

[4] 梵文 atha。一般譯作「爾時」。釋智譯作「復次」。沙囉巴與金總持則譯缺。
梵文 vajra-dhara，直譯為「金剛持」。諸漢譯不統一。施護譯作「金剛手」、金總持譯作「金剛掌」、沙囉巴與釋智譯作「持金剛」。

[5] 梵文kuliśe-śvara，直譯為「金剛自在」。除釋智外，餘漢譯皆譯缺「金剛」一詞。

【無畏譯記】

（一）此頌讚 Vajradhara，即本經之問法者，譯言「金剛持」，古譯則多作「持金剛」。為 Vajrapāṇī（執金剛、金剛手）之異名。依梵本，且依後期流行繙譯，宜譯為「金剛持」。

（二）頌文第二句，諸藏譯本皆作 gdul dka' 'dul ba rnams kyi mchog，如果譯作長行，可譯為——於能調伏諸難調伏者中最勝。此謂諸佛、如來皆能調伏一切難調伏者，然於諸佛、如來眾中，以金剛持為勝。此蓋以本經所述為「不捨五毒自解脫」法門，亦為轉依之殊勝法門，故云。

依此，諸舊漢譯皆有缺點。

（三）頌文第四句，梵 kuliśe-śvara，藏譯為 rdo rje dbang phyug，可直譯為「金剛自在」。然此梵字則有隱義。指由修聲音陀羅尼而得自在，此即指本經所說由諸種子字生起身壇城諸尊之觀修。

於無上密續乘，行者先自成毘盧遮那佛，於心輪生起妙吉祥，復觀修妙吉祥生起壇城，如是而成轉依，是即所謂秘密。此不同下三部密，故為「密中勝」（密之王、秘密主）。

金剛持

Vajradhara

金剛杵

Vajra

2 **眼圓滿開如白蓮**[6]　**面如盛放青蓮花**[7]
自手執持勝金剛　**須臾不斷作旋擲**[8]

【梵校】

頌 2 梵文為：

vibuddha-puṇḍarīkākṣaḥ protphulla-kamalānanaḥ/
prollālayan vajravaraṃ svakareṇa muhur muhurḥ//

6 梵文vibuddha，可解作「正覺」，「正智」。施護亦譯作「正智蓮花目」，釋智則譯作「端正」。餘漢譯則譯失。
梵文puṇḍarīka，應解作「白蓮花」。金總持及沙囉巴譯作「青蓮花」。釋智則譯作「白蓮」。

7 此句梵文：protphulla-kamalānana，對譯為「盛開/青蓮花/臉」。據才讓〈法藏敦煌藏文本《正說聖妙吉祥名》及相關問題研究〉（西北民族大學海外民族文獻研究所）一文（以下簡稱「敦煌藏本」）指出，敦煌藏譯本直譯為「坐於廣大蓮花座」，此與現今梵本典文異。疑當時流傳梵本不只一種版本。

8 梵文muhur muhur。muhur，一般譯作「須臾」。釋智譯作「時時」。餘漢譯則譯缺。

【無畏譯記】

（一）第一句，藏譯本作 pad ma dkar po rgyas 'dra'i spyan；西夏譯則可解為「眼圓滿如白蓮花」；此即非謂眼如圓滿白蓮。諸漢譯皆失句義。實應改譯為「眼圓滿開如白蓮」。此處將梵頌 vibuddha 譯為圓滿（此字又可解為正覺）。

（二）第二句，諸漢譯皆譯為：面相如白蓮（如沙囉巴譯：「面滿如蓮華」；釋智譯：「面貌圓滿如蓮花」），同藏譯。然藏譯有作 padma rgyas pa'i gdan bzhugs 者，即是謂其坐蓮花座。若依梵本，應從前者，但可譯為：「面如盛放青蓮花」。此句與上句恰相反，上句謂眼圓滿如白蓮，此句謂面如圓滿開放之青蓮 kamala。

（三）第三句，「勝金剛」即「金剛杵」。通常「金剛」已指「金剛杵」而言。藏譯 rdo rje mchog，應與「勝金剛」對應。「勝金剛」者，即「殊勝金剛杵」。

（四）第四句，諸漢譯皆作「拋擲」金剛杵。施護譯：「戲擲金剛杵」；金總持及沙囉巴譯：「以手擲復擲」；釋智譯：「時時仰上作拋擲」。皆與藏譯 gsor byed pa 略異。

此外，藏譯 yang dang yang du，譯為「再三再四」，此即釋智之所譯「時時」，餘譯皆未譯出。

按，古譯皆以「拋擲」金剛杵為金剛手菩薩標誌，有其理據。因旋而後擲，故藏譯始譯金剛持為 gsor byed pa（旋擲者）。

又，於觀修時，行者持杵右旋向上虛擲，故實應譯為「旋擲」。

3 〔化現〕無數金剛手[9]　顰眉波紋等〔現相〕[10]
勇猛調服難調者　　勇猛且極怖畏相

【梵校】

頌 3 梵文為：

bhṛkutī-taraṇga-pramukhair anantair vajra-pāṇibhiḥ/
durdānta-damakair vīrair vīra-bīhatsa-rūpibhiḥ//

9 梵文 vajra-pāṇi，直譯為「金剛手」。沙囉巴譯作「執金剛」，而釋智譯作「持金剛」。

10 梵文 bhṛkutī-taraṇga。bhṛkutī 可解作「顰眉」、「顰額」。施護、沙囉巴亦譯作「顰眉」，而金總持譯作「忿怒相」，釋智譯作「忿等像」。taraṇga 可解作「波浪」、「波濤」，此乃形容忿怒皺紋之詞，諸漢譯皆未譯出。釋智譯「復次第現忿怒等像」，其「次第」一詞，另有所據。

【無畏譯記】

（一）此頌，施護譯堪注意。彼譯為「復於須臾間，出現無邊數，金剛杵圍繞；當戲擲杵時，即有俱胝眾，金剛光照耀，面現顰眉相，勇猛大無畏。」

初視之，與梵本及諸漢藏譯、以至西夏譯皆不同，等於隱括頌義自行另作。但若依觀修，則完全相合。金剛手不斷旋舞金剛杵向上方抛擲，故即有無數金剛杵圍繞本尊，此等金剛杵復化為無數本尊，一一皆現忿怒相，調伏難調眾。此即施護之所言。

（二）第一句，釋智譯：「復次第現忿等相」，此中「次第」乃依藏譯 rim pa 而譯。唯另本則作 rlabs，則為「波濤」，故有分別。應依梵本 bhṛkutī-taraṇga-pramukha（顰眉／波濤／及如是等等），此則已可總括二藏譯之差別。沙囉巴譯為：「化現顰眉等」，雖未譯「波濤」，已較真實。

故此句可譯為「顰眉波紋等〔現相〕」。

（三）第二句，依梵藏本，皆意為「無數金剛手眾」，依漢文文法，應移置首句作為主詞。此可將首二句譯為——「〔化現〕無數金剛手，顰眉波紋等〔現相〕」。雖有添字，但然非如此，則不能表達顰眉等為由擲金剛杵而化現之金剛手眾現相。

4 自手向上作旋擲[11] 金剛杵尖出勝光[12]
智慧方便之大悲[13] 利益有情極殊勝

【梵校】

頌 4 梵文為：

ullālayadbhiḥ svakaraiḥ prasphurad-vajra-koṭibhiḥ/
prajñopāya mahākaruṇā-jagad-artha-karaiḥ paraiḥ//

11 梵文原典有 svakarai（自手）一詞。除釋智外，餘漢譯皆缺。

12 梵文 prasphur，可解作「閃閃發光」、「發出火花」。沙囉巴譯作「放大杵光」，釋智譯作「出勝光」。而施護譯、金總持譯則完全不同。

13 此句梵文 prajñopāya mahākaruṇā，對譯為「般若方便／大悲」。此與諸漢譯略異。施護譯作「具悲智方便」、金總持譯作「大智」、沙囉巴譯作「大悲大智慧」、釋智譯作「有大慈悲及智慧」。

【無畏譯記】

（一）釋智譯，對調梵本一二句（沙囉巴譯，同）。

此處說「自手向上作旋擲」，拋擲時，於「金剛杵尖出勝光」者，指由本尊旋擲金剛杵而化現之金剛手眾。彼等既成化現，又旋擲金剛杵。更者，因其為自手旋舞而擲，故於旋時向下，擲則向上，由是頌文強調「向上」作拋擲，甚為生動。

（二）第三句，十分重要。

梵本作prajñopāya mahākaruṇā，逐字對譯為「智慧方便／大悲」。此實意為「智慧與方便雙運之大悲」。智慧與方便雙運，即「智識雙運界」，亦即如來藏，其涵義為如來法身與法身功德雙運，故梵文作prajñopāya。

如是說，即謂此「大悲」非一般意義之大悲（如大慈悲等）。依大中觀密義，此雙運之大悲，實為智境可令識境自成顯現之功德，可理解為法界之生機。如是始又可名為「大樂」。須如是理解始能跟下來說大樂諸頌文呼應。

諸漢譯中，以施護譯「具悲智方便」為較佳，釋智連第四句，譯為「有大慈悲及智慧，方便益生極殊勝」，誤以「方便」為「益生」，失去原義以雙運之大悲利益群生。蓋此必須以智慧及方便雙運，始能說為智識雙運界，大悲則為此雙運界所顯之力用。

5 具足悅樂作隨喜[14]　顯現忿怒身形相
於行佛行怙主前[15]　眾皆恭敬作曲躬

【梵校】

頌 5 梵文為：

hṛṣta-tuṣṭāśayair-muditaiḥ krodhavigraharūpibhiḥ/
buddha-kṛtya-karair nāthaiḥ sārdhaṃ praṇatvigrahaiḥ//

[14] 此句梵文 hṛṣta-tuṣṭāśayair-muditaiḥ，釋智譯作「具足喜樂安穩心」。此「安穩心」一詞不見於梵文原典。未知是否 tuṣṭāśayair 一字之對譯。tuṣṭa 可譯作「歡喜」、「隨喜」，而 āśayair 可譯作「心行」。

[15] 此句梵文 buddha-kṛtya-karair nāthaiḥ，對譯為「行佛行／怙主」。與釋智譯合。餘漢譯皆譯失此意。例如，金總持譯作「皆遵諸佛教」、施護譯作「佛世尊所作」等。

【無畏譯記】

（一）本頌第一、二句說敬禮者，第三、四句說敬禮者向佛敬禮。梵藏本皆意思清楚，漢譯唯釋智不誤，餘皆混淆。

（二）第一句，釋智譯：「具足喜樂安穩心」，此中「安穩心」或為梵文tuṣṭāśayair之對譯，但實宜譯為「隨喜」。鄙見，此句宜依梵文hṛṣta-tuṣṭāśayair-muditaiḥ，意譯為「具足悅樂作隨喜」，則能與禮佛呼應。

（三）第三、四句，釋智譯：「於行正覺行中尊，眾皆來集身恭謹」，即謂前述金剛手眾（「具足悅樂作隨喜，顯現忿怒身形相」諸眾），皆恭謹而集於「行正覺行」之尊勝者面前。此「行正覺行」，今譯為「行佛行」，較通俗。

6 向彼怙主等正覺　世尊如來作敬禮[16]
雙手合掌作恭敬　於前端坐而告白[17]

【梵校】

頌 6 梵文為：

praṇamya nāthaṃ sambuddhaṃ bhagavantaṃ tathāgataḥ/
kṛtāñjali-puṭo bhūtvā idam āha sthito 'grataḥ//

[16] 此頌首二句，梵文為 praṇamya nāthaṃ sambuddhaṃ bhagavantaṃ tathāgataṃ。對譯為「敬禮／怙主／正覺／薄伽梵／如來」。諸漢譯則從略。例如，施護譯作「頂禮正覺尊　釋迦牟尼佛」、金總持譯作「頂禮佛世尊」、沙囉巴則譯作「頂禮婆伽梵　如來正等覺」等。

[17] 梵文 sthita。施護譯與金總持譯皆失此詞。金總持譯作「蹲踞」。釋智譯作「端坐」則甚佳。

【無畏譯記】

（一）依梵本，第一、二句為 praṇamya nāthaṃ sambuddhaṃ / bhagavantaṃ tathāgataṃ，則為諸金剛手眾向怙主、等正覺佛陀、薄伽梵（出有壞、世尊）、如來敬禮。藏譯一本有「怙主」一詞，另本無。西夏本亦失譯此詞。如是則未能與上頌呼應。

故此二句，宜改譯為：「向彼怙主等正覺，世尊如來作敬禮」。

（二）此等名號不宜省略，因「怙主」有作事業怙佑有情之義；等正覺謂證大平等性，即周遍一切界（超越時空之周遍）起平等覺；世尊（出有壞）謂超出識境、具有智德、能壞四魔；如來謂法身與法身功德。

此中「四魔」，蘊魔指世間對物質與精神之執著（分別）；煩惱魔指對戲論（一切名言分別）之執著；死魔指因緣業力；天子魔指自然力量與有情共業。此皆為識境中由自由他所起之障垢。

如來謂法身與法身功德者，以「如」為智境，以「來」（來世間）為識境，故云。

下來說身壇城，其觀修皆與此等名號有關，故畧說如上。

7 **請利益我饒益我**[18] **遍主願能慈念我**[19]
令我得能如實得[20] **幻化網現證菩提**[21]

【梵校】

頌 7 梵文為：

maddhitāya mamārthāya anukampāya me vibho/
māyājālābhisaṃbodher yathā lābhī bhavāmy ahaṃ//

[18] 此句梵文 maddhitāya mamārthāya， 分別有「利益」（hita）與「饒益」（artha）二詞。餘漢譯則譯失此二詞。

[19] 梵文 vibhu，解作「無所不在」、「遍在」。一般譯作「遍主」。施護譯與金總持譯則譯失此詞。

[20] 梵文 yathā（如實），釋智譯作「真實」。餘漢譯則譯失此詞。

[21] 此句梵文 māyājālābhisaṃbodher「幻化網現證等正覺」，於梵文文法，此詞不應分拆。但諸漢譯將 māyājāla「幻化網」與 abhi saṃbodha「證菩提」分拆而譯。

【無畏譯記】

（一）沈衞榮指出，梵文頌中māyājālābhisaṃbodher一詞，不能分拆，蓋「幻化網現證菩提」（更準確一點，當作「幻化網現證等正覺」），實為一詞，意為依《幻化網》觀修而現證等正覺，此即本經所說之觀修。

藏譯基本上依梵文，未有分拆，但諸漢譯皆將此詞分拆為「幻化網」及「證菩提」二義，此蓋文法修辭不同，未能依足梵文。

（二）第一句，梵本著重「利益」（hita）與「饒益」（artha）的分別。此當以未來得現證菩提為利益，目前能得入解脫道（沙囉巴譯之「菩提路」）為饒益。頌中二詞的格有時分之分別。

藏譯與梵文原典對應，漢譯諸本皆失此分別。

（三）第二句，梵本「遍主」（頌中作vibhu）一詞相當重要，漢譯中僅沙囉巴及釋智譯出此詞。

月官釋論謂：「遍主者，指以大悲遍入諸有情故。」此即指如來功德周遍一切界，故始能成就一切世間隨緣自顯現。失譯此詞，則失本經主旨，亦與下文身壇城之觀修未能呼應。

（四）第三句，有「如實」一詞。唯如實始能「幻化網現證菩提」。若譯為「真實」則尚未符頌義。

（五）依前所述，本頌似應如今譯。此譯與梵藏本比較，第三、四句對調。此不得已。

8 無智泥中成沒溺[22]　有情煩惱亂心性
利益一切有情眾　願令獲得無上果

【梵校】

頌 8 梵文為：

ajñāna-paṇka-magnānāṃ kleśa-vyākula-cetasāṃ/
hitāya sarvasattvānām anuttara-phalāptaye//

[22] 此句梵文ajñāna-paṇka-magnānāṃ，對譯為「無智/泥/沒溺」，與釋智譯合，但釋智將ajñāna-paṇka譯作「不解泥」，宜應譯作「無智泥」為較佳。餘漢譯皆不合梵典原文。

【無畏譯記】

（一）梵文第一、二句，藏漢譯多對調，然實以不調為佳，蓋頌義有 —— 因沒溺無智泥沼中，故有情為煩惱擾其心性。上來祈請世尊開示「幻化網現證菩提」，亦實可令有情得智而證無上果。

若對調，則意為因煩惱而沒溺無智泥中。此與施設阿賴耶不合。

換言之，若以煩惱為因，則唯可施設阿賴耶識；若以無明（無智）為因，則可施設阿賴耶為根本（阿賴耶不同阿賴耶識）。

9 **等正覺尊祈開示**[23] **世尊教主世間師**
證大誓句真實智[24] **勝解諸根心行者**[25]

【梵校】

頌 9 梵文為：

prakāśayatu saṃbuddho bhagavāṃ śāstā jagadguruḥ/
mahā-samaya-tattvajña indriyāśayavit paraḥ//

23 梵文 prakāśa，可解作「光亮」、「清楚」、「顯示」等。沙囉巴與釋智則譯作「究竟」。

24 此句梵文為 mahā-samaya-tattvajña。mahā-samaya 直譯為「大誓句」。施護譯與金總持譯則譯失此詞。沙囉巴譯作「三摩耶」。唯釋智則譯作「大記句」，與梵典合。而諸漢譯譯失 jña「智」一詞。

25 梵文 āśaya，解作「意向」、「思想」。於此，諸漢譯皆異。例如，施護譯作「欲性」、金總持譯作「境」、沙囉巴譯作「性欲」、釋智則譯作「心」。

【無畏譯記】

（一）此頌祈請說法。然字面上，藏譯及漢譯多未有「請宣說」字樣（唯北京版藏譯及施護譯有之）。梵文原典有此義，唯甚隱晦。

梵典首句有 prakāśayatu 字，沙囉巴及釋智譯為「究竟」，此乃據字義「光照」而意譯，但此「光照」義實可引伸為「解明」，與 prakāśana（演說開示）同義。

故釋智譯「究竟正覺出有壞」，宜依梵典首行，譯為：「等正覺尊祈開示」。

（二）第二句，對應梵文原典，宜將其 jagadguruḥ 一詞，譯為「世間師」，與藏譯 'gro ba'i bla ma 對應。

（三）第三句，梵本原典之 mahāsamaya，即「大誓句」。釋智譯「大記句」，不誤，若如餘譯之譯為「大三昧」，「三摩耶」，則易誤之為入定。

原典中 mahāsamayatattvajña，直譯則為「大誓句真實智」，意為現證大誓句之真實義。如來大誓句為大悲，故此即是現證如來法身功德之真實義。藏譯 mkhyen，或 rig pa，涵有此義。

釋智譯為「亦大記句達真性」，稍晦，不如直譯為：「證大誓句真實智」。

（四）第四句，釋智譯：「了知根心殊勝者」。此可能受藏譯 bsam ba 影響，故譯為「心」。但與梵文原典之 āśaya 對應，此 bsam ba 宜解為「欲」，故施護譯為「欲性」。此處宜從施護，或可依梵文譯為「心行」。

故此句可譯為「知根心行殊勝者」，或「勝解諸根心行者」。

10 於世尊之智慧身[26]　於大頂髻言詞主
妙吉祥智慧勇識　出自顯現智化身[27]

【梵校】

頌 10 梵文為：

bhagava-jñāna kāyasya mahoṣṇīṣasya gīṣpateḥ/
mañjuśrī-jñāsattvasya jñāna-mūrtteḥ svayaṃbhuvaḥ//

[26] 梵文 jñāna-kāya「智身」，與末句 jñāna-mūrti「智化身」有所區別。唯釋智皆譯作「智身」。

[27] 此句梵文為 jñāna-mūrtteḥ svayaṃbhuvaḥ。mūrti 可譯作「化身」、「外觀」、「形」、「相」等。svayambhū 可譯作「自然起」。故此句對譯為「自然起／智化身」。但漢譯本中，施護譯作「最上自然智」，沙囉巴譯作「大智所出生」, 金總持譯作「智觀善出生」，而釋智譯作「亦是智身自超出」。

【無畏譯記】

（一）本頌讚妙吉祥，有三讚：1、世尊智身（jñāna-kāya），此讚「智」；2、具大頂髻，此唯佛身始有，此讚「身」；3、言詞主，此讚「界」。以「語」表「界」，為觀修之密義，與陀羅尼門有關。故此三讚，實讚「身智界三無分別」，是如來法身義。其下即言妙吉祥於此三無分別境界中自顯現智化身（jñāna-mūrti）。故宜於頌中加譯「於……」，令易明白。

（二）又，第三、四句梵文若連讀，則為 mañjuśrī-jñāsattvasya jñāna-mūrtteḥ svayaṃbhuvaḥ，可解讀為：自然顯現之「妙吉祥智勇識」智身。故釋智譯為「亦是智身自超出，妙吉祥智勇識者」。

此中「自超出」，與 svayaṃbhū 對應，意為自存在、自成立。若謹執此義，則不能謂之為「生起」，以凡「生起」都不離因緣，故非自存在、自成立。釋智以「超出」代替「生起」，可能即出於此重考慮。

藏譯此為 ye shes sku ste rang byung ba，可理解為：自顯現之智化身，此即與梵文頌義吻合。

故此兩句頌，或可譯為：「妙吉祥智慧勇識，出自顯現智化身」。譯為「出」，此即智境中有識境自顯現，是即如來藏。

11 誦其殊勝真實名　　是甚深義廣大義
無比大義寂吉祥[28]　　初善中善及後善

【梵校】

頌 11 梵文為：

gambhīrārthām udārārthāṃ mahārthām asamāṃ śivāṃ/
ādi-madhyānta-kalyṇāīṃ nāmasaṃgītim uttamāṃ//

[28] 梵文為 śiva。此字一般譯作「寂靜」、「柔善」、其實亦可解作「吉祥」、「幸福」，但諸漢譯皆未譯出此意。以此頌相當於誦文殊真實名，而文殊真實名正是「妙吉祥」。

【無畏譯記】

（一）藏譯二本句序不同，漢譯四種亦有二種不同，此顯然梵本亦應有不同版本。本頌提出強烈啟示。

以句序言，釋智譯較順文義，此即將今傳梵文原典之末句調為首句。

（二）今傳梵典第二句（譯為第三句），有 śivā 一字，施護及沙囉巴譯為「寂靜」；金總持譯為「微妙」；釋智譯為「柔軟」。按，śiva，可解為寂靜亦可解為柔善，此即諸漢譯之所據。然此字尚可解為吉祥，但指世俗之吉祥事。若綜合寂靜、吉祥二義，則正與「妙吉祥」名義相當。妙吉祥示智識雙運界，寂靜吉祥亦可說為具有此意趣。頌文用 śiva 一字，殊有深意。

12 過去諸佛皆已說　　於未來亦當演說
現在究竟等正覺　　亦遍數數作宣說[29]

【梵校】

頌 12 梵文為：

yātātair bhāṣitā buddhair bhāṣiṣyante hy anāgatāḥ/
pratyutpannāś ca saṃbuddhā yāṃ bhāṣante punaḥ punaḥ//

[29] 梵文 punaḥ punaḥ，意為「一次又一次」。但除釋智外，餘漢譯皆譯作「三世」。

【無畏譯記】

（一）本頌承上頌，讚妙吉祥真實名。頌義則說明初、中、後善。（由是亦知，應將上頌初中後善句置於頌末。）

（二）凡佛典中說為「初中後善」者，必為佛自說內自證智境界，如《入楞伽經》。此又稱為「獅子吼」。亦即最究竟、最殊勝法門。本經亦屬此法門。

（三）釋智譯，「現在究竟等正覺」句，「究竟」一詞不見於梵文原典，加添此詞，可強調妙吉祥真實名為究竟法門。姑從之。

13 **大幻化網大續中　　大金剛持歡喜眾[30]**
持密咒眾無量數[31]　　唱讚宣揚請善說

【梵校】

頌 13 梵文為：

māyā-jāla-mahātantre yā cāsmiṃ saṃpragīyate/
mahāvajradharair hṛṣṭair ameyair mantra-dhrāribhiḥ//

[30] 梵文mahā-vajra-dhara，應譯作「大金剛持」。但漢譯本中，施護譯作「執大金剛」，沙囉巴譯作「持密金剛手」，金總持譯作「金剛掌菩薩」，而釋智譯作「持大金剛」。

[31] 此句梵文為 ameyair mantra-dhrāribhiḥ。對譯作「無量／持密咒」。諸漢譯皆譯失「持密咒」。又，釋智譯作「如彼無邊諸佛敕」。梵典原文無「佛敕」一詞之對應。此「佛敕」一詞，亦未見於西藏大藏經譯本，但卻與敦煌藏本同。此情形同頌 2 一樣，故可作為當時流傳梵本不只一種版本之證。

【無畏譯記】

（一）本頌仍讚妙吉祥真實名。若將頌文譯為長行，可作——於大幻化網大續中，（妙吉祥真實名）被大金剛持及其歡喜眾、無量持密咒者所唱讚宣揚。故請世尊（為此真實名）作善說。

此中「持密咒眾」即上句之「歡喜眾」，亦即大金剛持之眷屬，於本經中，可視彼眾即為金剛持旋擲金剛杵而成之無量化身（金剛手眾）。

（二）漢譯諸本似皆未能表達上述句義，原因即是由於頌中未說被唱讚者為何，故譯者行文乃覺含渾。今譯力圖承接上文，使讀者知被唱讚宣揚者，即為第11頌貫注至此之妙吉祥真實名。

14 **怙主願我能受持　　諸等正覺之密意[32]**
直及至於出離時[33]　　我堅心意而受持

【梵校】

頌 14 梵文為：

ahaṃ caināṃ dhārayiṣyāmy āniryāṇād dṛḍhāśayah/
yathā bhavāmy ahaṃ nātha sarva-saṃbuddha-guhya-dhṛk//

[32] 此句梵文為 sarva-saṃbuddha-guhya-dhṛk，應譯為「持一切正等覺秘密」。但釋智則譯為「持咒」。

[33] 梵文 āniryāṇād。應譯為「直至於出離時」。金總持與沙囉巴譯作「至成等正覺」，而釋智譯作「如我決定未出間」。

【無畏譯記】

（一）本頌藏譯漢譯皆未與今傳梵本吻合，尤其句序互調。然依梵本句序則實難譯出。

（二）本頌所述，為問法者（金剛手眾）之誓句。於上來三頌（11-13 頌）宣說妙吉祥真實名之殊勝後，問法者向佛作誓句以求法。

（三）頌中誓願持諸佛所持秘密（guhya-dhṛk），是即受持諸佛密意，施護譯：「住佛秘密心」，即由此而譯。金總持及沙囉巴譯為持「真密語」、「秘密語」；釋智譯為「持咒」，皆失。

15 為諸有情請宣說　　隨順有情心差別[34]
令其無餘斷煩惱　　令其無餘離斷滅[35]

【梵校】

頌 15 梵文為：

prakāśayiṣye sattvānāṃ yathāśayaviśeṣataḥ/
aśeṣa-kleśa-nāśāya aśeṣājñāna-hānaye//

[34] 此句梵文為 sattvānāṃ yathāśayaviśeṣataḥ。對譯為「諸有情 / 隨順 / 心行 / 差別」。沙囉巴譯「隨順差別機」與施護譯「如眾生意樂」合梵典原文。但釋智則譯作「即以無別無異心」、金總持譯作「引導諸眾生」。

[35] 梵文aśeṣājñāna-hānaye，直譯為「無餘斷無智」。沙囉巴譯「斷除愚智故」為最合。釋智譯「於諸謬解捨離故」尚可。施護譯「令得最勝智」及金總持譯「起無漏智慧」則與梵典原文不順。

【無畏譯記】

（一）諸譯或有調換句序，此實不宜。蓋頌義實云——請依有情根器差別而說法，令其如何如何。故不宜更調。

（二）梵頌第二句 viśeṣa，指個性之差別，即意為根器，故沙囉巴譯為「隨順差別機」，最合。施護譯「如眾生意樂」，亦可。藏譯亦含渾。

（三）梵典頌文第四句 aśeṣājñāna-hanaye，實指斷滅見，此即執空性見之智。以 ajñāna 亦可解為測度、知解。空性見即是此類。

合「無餘斷煩惱」而言，即說法可令有情或除有邊見（斷煩惱）、或除空邊見（離斷滅），如是即合中道。故此處用意譯。直譯應為「令其無餘斷非智」。

16 **如是密主金剛手**[36] **至如來前作啟請**
合掌告白而恭敬　告已恭坐於其前

上來請問十六頌。

// adhyeṣanāgāthāḥ ṣoḍaśa //

【梵校】

頌 16 梵文為：

evam adhyeṣya guhyendro vajrapāṇis tathāgataṃ/
kṛtāñjali-puṭo bhūtvā prahva-kāya-sthito 'grataḥ//

36 梵文 guhyendra。guhya 譯作「秘密」；indra 為帝釋天，可譯作「主」，故 guhyendra 直譯為「秘密主」。釋智則譯作「密自在者」。施護與沙囉巴譯則同梵典。金總持則譯缺。

梵文 vajrapāṇi，直譯為「金剛手」。釋智譯作「持金剛」，餘漢譯則同梵典。

【無畏譯記】

（一）頌文第一句，梵典中之 guhyendro，藏譯為 gsang dbang，意為「密主」，釋智譯為「密自在者」，可商榷。

（二）頌文第二句，梵典中之 vajrapāṇi，即金剛手，釋智譯為「持金剛」，容易混淆問法者為金剛持，而非諸化身金剛手眾。（故藏譯為 lag na rdo rje 金剛手。）

（請問 16 頌畢）

二 答問

17 **時釋迦牟尼世尊　　等正覺者兩足尊[37]**
自面門出微妙舌[38]　　靈動卷舒而廣長[39]

【梵校】

頌 17 梵文為：

atha śākyamunir bhāgavāṃ saṃbuddho dvi-padottamaḥ/
nirṇamayyāyatāṃ sphītāṃ svajihvāṃ svamukhāc-chubhāṃ //

[37] 此二句梵文為 atha śākyamunir bhāgavāṃ saṃbuddho dvi-padottamaḥ。對譯為「爾時 / 釋迦牟尼世尊 / 等正覺 / 兩足尊」，除釋智譯外，餘漢譯簡略而譯。施護譯作「爾時二足尊，釋迦牟尼佛」、金總持與沙囉巴則譯作「爾時釋迦佛，最上兩足尊」。

[38] 此句梵文為 svajihvāṃ svamukhāc-chubhāṃ。chubhāṃ 疑應為 shubhāṃ，亦即 śubha，可解作「優美」、「微妙」。釋智將此字譯作「殊勝」，金總持譯作「微妙音」。而施護則譯作「出廣大光明」，未知施護是否將 śubha 當作 śubhra（發光）而譯。

[39] 此句梵文為 nirṇamayyāyatāṃ sphītāṃ，直譯為「卷舒廣長」。沙囉巴譯「大舒廣長舌」為最合。釋智譯「廣長橫遍令舒演」則可。施護及金總持則譯缺。

【無畏譯記】

（一）稱佛共三名號：釋迦牟尼世尊、等正覺者、兩足尊。漢譯多未全譯。

（二）讚佛儀容有二者：出廣長舌、自面門出微妙舌。（梵典此處，śubha（微妙）變寫為 chubhāṃ。）

施護譯：「從舌及面門，出廣大光明」，可能是將 chubhām 一字誤還原為 śubhra（發光）。

金總持譯：「舌相真實語，清靜微妙音」，則將「微妙」視為舌所發音，乃屬意譯。

唯藏譯 bzang ba，用以形容「舌」，與梵典合。

（三）梵文第三句之 nirṇamayyāyatāṃ sphītāṃ，意指舌之動態，或舒或曲。故連下 svajihvā 字，全句應譯為「卷舒而廣長」，用以修飾下句之微妙舌。於漢譯唯有對調三、四句。

18 **示現微笑以淨除　一切世間三惡趣[40]**
光明遍照三世間[41]　調伏四魔諸怨敵

【梵校】

頌 18 梵文為：

smitaṃ saṃdarśya lokānām apāya-traya-śodhanaṃ/
trai-lokyābhāsa-karaṇaṃ catur-mārāri-śāsanaṃ//

[40] 此二句梵文為 smitaṃ saṃdarśya lokānām apāya-traya-śodhanaṃ。對譯為「示現微笑 / 淨除世間三惡趣」。諸漢譯唯沙囉巴譯「為除惡趣故，唯然示微笑」最合梵典原文。餘譯則不合。例如，施護譯作「普照於十方，清淨諸惡趣」，金總持譯作「普流於世間，四種魔不現」，而釋智譯作「有情皆具三惡趣，為現清淨微笑相」。

[41] 此句梵文為 trai-lokyābhāsa-karaṇaṃ。若配合本頌首句說佛「示現微笑」，此句應直譯為「光照三世間」。唯除施護譯：「三界光所照」稍合梵典原文外，諸漢譯皆譯失此意。

【無畏譯記】

（一）林英津指出，頌文第一句須連至第二句中間來斷句。他說的是西夏譯本，其實梵文原典的情形亦同。漢譯不能如是斷句，由是唯有意譯。

（二）林氏又指出，西夏本此句頌文意思為「使有情皆具有之三惡趣（能得）清淨」。甚合，梵典亦如此（唯「有情」作「世間」）。然此重意義頗隱晦，須得一說。

於不二法門（如來藏、大中觀）教法中，著重「周遍一切界」為大平等性。所謂「周遍一切界」，依甯瑪派所傳，實指在「相礙緣起」中自顯現之一切情器世界，超越時空（故在觀修時施設為「秘密時」、「不定方」），因而便有我們這個世界之外無數世間及有情，其時空皆與吾人不同。然而一切世間及有情皆具三惡趣，故頌文此句，即「周遍一切界」而言。若依名言，此句頌文即表佛之「清淨大平等性」，是即如來藏之自性。

今權宜譯為「一切世間三惡趣」，意為一切世間皆具之三惡趣。

（三）沈衞榮據藏譯指出，能遍照三界、能伏四魔敵、能淨除惡趣等三種能力，均為修飾「微笑」之語，甚合。梵文原典同。梵典第三句 trai-lokyābhāsa-karaṇaṃ，意謂三世間光明照耀（由是除四魔），然依文義，此光明亦因佛之「微笑相」而來。

（四）本頌首二句，遍一切世間而言；三、四句，專指吾人之三界（上界、地界、下界），故譯為「三世間」（第 1 頌同）。

19 **以能周遍三世間　美妙梵音作答讚[42]**
讚彼秘密〔自在〕主　具大力之金剛手[43]

【梵校】

頌 19 梵文為：

trilokam āpurayantyā brāhmyā madhurayā girā/
pratyabhāṣata guhyendraṃ vajra-pāṇiṃ mahā-balaṃ//

[42] 梵文madhura，一般譯作「美」、「美妙」，但釋智譯作「清淨」。餘漢譯則譯作「美」。

梵文 pratyabhāṣata，可解作「回答」、亦可解作「答禮」，故諸漢譯（除釋智外）譯作「稱讚」、「讚歎」亦未嘗不可。

[43] 此句梵文 vajra-pāṇiṃ mahā-balaṃ，譯作「大力金剛手」。沙囉巴譯合。施護譯「大力智金剛」及釋智譯「為持金剛大力者」不甚合梵典原文。金總持則譯缺。

【無畏譯記】

（一）沈衞榮於校勘中指出兩點：1、此頌意為「美妙的梵音遍滿三界，以為對大力金剛手密主的回答。」2、「回答」一詞，宜依沙囉巴譯為「稱讚」。此處藏譯雖作 slar gsungs pa（回答），但梵文原典之 bhāṣata 可譯為「稱」。

（二）沈說甚合，因下頌即為對金剛手之稱讚；而且梵文原典中 pratyabhāṣata 一詞，固可解為「回答」，但亦可解為「答禮」（回答禮物），所以此處可譯為「回讚」。

且諸漢譯，除釋智外皆有「讚」義。施護譯「稱讚秘密主」；金總持譯「梵音美讚嘆」；沙囉巴亦譯「稱讚秘密主」，故不宜依藏譯唯譯「回答」。

20 善哉吉祥金剛持　　善哉汝是金剛手[44]
汝為利益諸世間　　故是具足大悲者

【梵校】

頌 20 梵文為：

sādhu vajradharaḥ śrīmāṃ sādhu te vajrapāṇaye/
yas tvaṃ jagad-dhitārthāya mahā-karuṇayānvitaḥ//

[44] 此二句，梵文為 sādhu vajradharaḥ śrīmāṃ / sādhu te vajrapāṇaye，對譯為「善哉 / 金剛持 / 吉祥 / 善哉 / 汝 / 金剛手」。金剛持乃智境，是故吉祥。而金剛手則為識境自顯現，是故本頌末句稱其為「具大悲者」。但漢譯本將此二者關係譯失。例如，金總持譯作「善哉金剛掌，善哉金剛手」，沙囉巴譯作「讚言金剛手，善哉大善哉」，而釋智譯作「善哉吉祥持金剛，手持金剛汝善故」。

【無畏譯記】

（一）藏譯本及漢譯與今梵本比較，本頌與下21頌句序參差（唯藏譯北京版則與梵本同）。此或當時另有梵本，句序與今梵本不同。姑從今梵本譯。

（二）馮偉強指出，梵典 sādhu vajradharaḥ srimām sādhu te vajra-pāṇaye 句，有密義。金剛持乃智境，故佛讚為「吉祥」；金剛手為識境（自顯現），故下來讚其「大悲」。此義深密，故易譯失。

（三）本頌唯以一句讚金剛持，下三句均讚金剛手眾，故知混淆句序之不當，以此三句不能割裂故。

21 **誦彼妙吉祥智身**[45] **真實名有大義利**[46]
能作清淨除罪障 **於我精勤應諦聽**

【梵校】

頌 21 梵文為：

mahārthāṃ nāmasaṃgītiṃ pavitrām aghanāśanīm/
mañjuśrī-jñāna-kāyasya mattaḥ śrotuṃ samudyataḥ//

[45] 梵文 mañjuśrī-jñāna-kāyasya，譯作「妙吉祥智身」。除釋智外，餘漢譯皆譯失 kāya「身」一詞。

[46] 梵文 mahārtha，應譯作「大義利」。沙囉巴與金總持皆譯作「最上大義利」。施護譯「大吉祥」及釋智譯「大益」不甚合梵典原文。

【無畏譯記】

（一）梵文原典第一句 mahārtha，意為「大義利」，故沙囉巴與金總持譯「最上大義利」。大義利者，謂以法義而利益，與一般利益不同。

（二）本頌緊接上頌而說。上頌讚示現為化身之金剛手眾具足大悲，本頌即述其大悲行 —— 合誦妙吉祥真實名，於世間即為大義利。由是能淨除罪障。

（三）梵典第三句僅說「妙吉祥智身」，此實為第二句清淨罪障之主名，即由此智身以除罪障，以一切罪障於智境中無生故。以此，此句宜連次句意譯，故二三句之句序須對調。

22 **我今當為秘密主　　為汝善妙作宣說**
心一境性而諦聽[47]　　**唯然世尊此善哉**[48]

上來答問六頌。

// prati-vacana-gāthāḥ ṣaṭ //

【梵校】

頌 22 梵文為：

tat sādhu deśayāmy eṣa ahaṃ te guhyakādhipaḥ/
śṛṇu tvam ekāgra-manās tat sādhu bhagavan iti//

47 梵文 ekāgra-manās，對譯為「一心 / 意」，即指心意合一。但諸漢譯只譯「一心」。

48 此句梵文為 tat sādhu bhagavan iti。對譯為「善哉 / 世尊 / 唯然」。釋智譯「唯然世尊此善哉」最合梵典原文。金總持譯作「善哉大導師」；沙囉巴譯作「唯然婆伽梵」。前者譯缺「唯然」，後者譯缺「善哉」。

【無畏譯記】

（一）顯然前三句頌文為佛所說，最後一句則為金剛手答語。此句 iti 一字，沙囉巴於此處則譯作「唯然」，想是強調此為答語。釋智譯「唯然世尊此善哉」，似為最佳，今從之。

（二）梵典首句（今譯為次句），sādhu 一字，漢譯有譯為「善」者，此蓋以「善說」已成熟語，然此字實有「妙」意，故可譯為「善妙」。

（三）梵文原典第三句 ekāgra-manas，前字意為「一心」，後字則為「意」，故可譯為「心一境性」（心境合一），蓋「意」具心識分別以緣境故，心與意合，即心一境性。施護譯為「住最上一心」，當即因此。

三　觀照六種姓

23 爾時釋迦世尊觀　　一切密咒大種姓[49]
即密咒持明種姓　　以及三觀修種姓

24 世間出世間種姓　　能照世間大種姓
最上大手印種姓　　及大頂髻大種姓

上來觀六種姓二頌。

// ṣaṭ-kulāvolokana-gāthe dve //

【梵校】

頌 23、24 梵文為：

atha śākyamunir bhāgavāṃ savakalaṃ mantrakulaṃ mahat/
mantravidyāharakulaṃ vyavalokya kulatrayaṃ//

lokalokattarakulaṃ lokālokakulaṃ mahat/
mahāmudrākulaṃ cāgryaṃ mahoṣṇīṣakulaṃ mahat//

[49] 此句梵文為 savakalaṃ mantrakulaṃ mahat。下來釋迦依於一切密咒大種姓中說六種姓。若比較梵典原文，諸漢譯將六種姓譯得不甚清楚。六種姓依梵典原文分別為：密咒持明種姓（mantravidyāharakulaṃ）、三種姓（kula-traya）、世間出世間種姓（loka-lokottara-kula）、能照世間大種姓（lokāloka-kulaṃ mahat）、最上大手印種姓（mahā-mudrā-kulaṃ cāgryaṃ）、大頂髻大種姓（mahoṣṇīṣa-kulaṃ mahat）

【無畏譯記】

（一）第23頌及24頌說六種姓，故須合說。此即與金剛手啟請，請世尊「隨順有情心差別」而說法（第15頌）對應。本頌即就有情心性差別分別種姓（kula; rigs）。

（二）漢譯對六種姓多分別不清，釋智所譯尤其含糊。沙囉巴譯得比較清楚。

為弄清六種姓之分別，須先知此二頌，唯依「一切密咒大種姓」（sakalam mantra-kulaṃ mahat）作分別。此亦意味本經唯依一切密咒大種姓之六種不同根器而說，非種姓根器則非世尊說法對象。

至於「一切密咒大種姓」一詞，妙吉祥友（Mañjusri-mitra）尊者定義為依大幻化網儀軌作觀修之密行者，唯此始為一切密咒大種姓（見尊者《妙吉祥真實名經疏》）。

月官（Candragomin）釋論則分「一切」、「密咒」、「大種姓」三詞而釋。彼云——

> 或觀與本尊和合之「密咒種姓」；或觀具圓滿次第天分之「大種姓」；或觀「共生起次第」與「圓滿次第」，稱為「一切」之補特伽羅。

此云「與本尊和合」，即七支和合（kha sbyor bdun ldan）。此云「七支和合」者，即金剛持之異名，視為如來報身體性。即受用圓滿支；和合支；大樂支；無自性支；大悲周遍支；利生無間智支；永住無滅支。此為大中觀行者之觀修，修如來藏（大中觀），其了義觀修即為大圓滿法門（不二法門）。

此云具圓滿次第天分，當指堪修不共圓滿次第、甚深圓滿次第之密行者。今所謂修「且卻」與「妥噶」者，即是此種。

此云修共生起次第及（共）圓滿次第者，當指一般密行者。

二尊所說，僅詳略之不同，義理則一。

（三）依「一切密咒大種姓」而分別，可分為六，此即——

1、密咒持明種姓（mantravidyāharakulaṃ）：妙吉祥友釋此為修一部法之種姓；月官釋此為修單尊者。

2、三種姓（kulatrayaṃ）：施護譯為「觀照三密部」（種姓）。沙囉巴譯為「觀照三部種」，皆與妙吉祥友之釋為觀修如來部、金剛部、蓮花部合；唯釋智譯為「於其三種令觀察」，則譯意不明，可能跟月官釋符合。月官釋此為觀修身語意之種姓。然二尊所言，實均指修下三部密續（事密續、行密續、瑜伽密續）行人。

3、世間出世間種姓（loka-lokottara-kulaṃ）：妙吉祥友謂世間指一般優婆塞（upāsaka）；出世間指聲聞、緣覺、菩薩三乘。月官則釋世間為「以顛倒識作分別」者，此即謂未離識境、識覺行人；出世間為「於涅槃中斷盡謬誤」，此即已離識境，證入智境。

4、能照世間大種姓（lokāloka-kulaṃ mahat）：妙吉祥友釋此為能以智慧照明世間，以此種姓殊勝，故稱為「大種姓」。此即謂行者已能依智境以觀察識境，即已證如來藏（或深般若波羅蜜多）之菩薩；月官則釋此為「能〔照明〕外道種姓為常見種姓」；「大種姓」則指能照明外道者，為「反對外道而觀修波羅蜜多」之行者。二尊所説實同，皆指已證深般若之菩薩，唯彼菩薩始能照見如印度教之「無二論」為常見，與佛家「無二」不同。關於此梵、佛二種「無二」，今時研究者尚多含渾，此即未知佛家「無二」之恆常，與梵之「無二」有本質上分別。

5、最上大手印種姓（mahāmudrā-kulaṃ cāgryaṃ）：妙吉祥友謂此指以「如」成決定而修明妃種姓者；月官則謂，「手」（phyag）指空性，即謂超越心識；印（rgya）則指此空性周遍。按，此即謂以超越一切識境為大印。

6、大頂髻大種姓（mahoṣṇīṣa-kulaṃ mahat）：妙吉祥友謂此指修一字佛頂等種姓。月官則謂此觀修殊勝無上之補特伽羅，亦即觀修不可壓伏之補特伽羅。二尊所釋同一意趣，此如住於佛頂之一字轉輪王，即為殊勝無上、不可壓伏之補特伽羅。

乙 正行

一 幻化網現證菩提

25 言詞主尊宣偈頌　頌中具六密咒王[50]
彼是無生之法有　無二相應而現前[51]

【梵校】

頌 25 梵文為：

imāṃ saḍmantra-rājānaṃ saṃyuktāṃ advayodayāṃ
anutpādadharmiṇīṃ gāthāṃ bhāṣate sma girāṃ pateḥ//

[50] 頌 27 即說六密咒王（saḍmantra-rājāna）名稱。漢譯本沒將六密咒王譯出。若參考梵典（見下來二頌），六密咒王分別為：金剛利（vajratīkṣṇa），斷煩惱（duhkḥaccheda），般若智化身（prajñā-jñāna-mūrtaye），智身（jñāna-kāya），辯自在（vāgīiśvara），五字文殊（arapacanaya）。

[51] 此句梵文為 saṃyuktāṃ advayodayāṃ。Udaya 解作「黎明」、「出現」，實無「出生」，「生起」之意，故此句可譯作「與無二相應而現」。但金總持譯作「相應無有二，出生伽陀法」、沙囉巴譯作「不二相應生」、釋智譯作「將令顯出於無二」。此等皆非梵典原意。

【無畏譯記】

（一）此頌四種漢譯都譯得含糊。頌義實云——「言詞主說出具六密咒王之偈頌，（此六密咒王）無二相應而現前，故為無生之法有」。

上來頌義，乃據妙吉祥友疏而說。

（二）六密咒王名字，見於下二頌。

說「無二相應而現前」，即謂離能所而現起，是即非由因緣生。此無二而現之法，即是無生。此即如來藏義。由智境觀察識境，一切法皆無二而現前，此即如來後得智。世間由心識分別觀察識境，始說為有能所等。

26 aā iī uū e ai　　o au aṃ aḥ 安住於心
三身無分別諸佛　　我是佛即智化身

27 嗡金剛利斷煩惱　　般若智化身智身
辯自在五字文殊　　我今向汝作皈依[52]

上來幻化網現證菩提次第三頌。

// māyā-jālābhisaṃ-bodhi-krama-gāthās tisraḥ //

【梵校】

頌 26、27 梵文為：

a, ā, i, ī, u, ū, e, ai, o, au, aṃ aḥ sthito hṛdi /
jñāna-mūrtir ahaṃ buddho buddhānāṃ tryadhva-vartināṃ//

oṃ vajratīkṣṇa duḥkhaccheda prajnā-jñāna-mūrtaye/
jñāna-kāya vāgīśvara arapacanaya te namaḥ//

52 此二頌實則說六密咒王。但諸漢譯一般將此二頌作密咒看待。唯施護則將 sthito hṛdi / jñāna-mūrtir ahaṃ buddho buddhānāṃ tryadhva-vartināṃ 略譯作「此法安住諸智心，三世諸佛所共說」，而金總持將此二頌譯為頌，但卻譯失六密咒王名號。

【無畏譯記】

（一）此二頌必須連合而說。蓋依此修陀羅尼門，即為「幻化網現證菩提」。

（二）於26頌，出十二梵音，有謂指十二地配十二波羅蜜多。此即，於十波羅蜜之前，加寶蓮波羅蜜多；之後，加金剛事業波羅蜜多；配十二地者，則於十地之前加信解行地（adhimukticaryā-bhūmi），之後，加普光地（samantaprabhā-bhūmi）。

此等配合，本非重要，故妙吉祥友及月官皆不取此說。

妙吉祥友謂此十二字住於三世佛陀世尊之智身，此即住於法身，亦可說為住於法界之自性心。月官則以之分成六對（一短音，一長音，如 a、ā）配六波羅蜜多。

（三）於27頌，出六密咒王名字，此即——金剛利（Vajratīkṣṇa）、斷煩惱（Duḥkhaccheda）、般若智化身（Prajñā-jñana mūrtaye）、智身（Jñana-kāya）、辯自在（Vāgīśvara）、五字文殊（Arapacana）。全頌即由此六名字組成。

此中五字文殊梵名，亦即其咒語，月官分釋此五字云：a，指其身語意由觀無生而生；ra，指以大樂作觀修及憶念；pa，即有謬誤亦如蓮花不受污染；ca，指由修共生起次第及圓滿次第而得解脫；na（naya），謂以覺而了知一切法無生。種子字 te，則指由離礙而得果。

（四）第26、27頌梵文，可作為兩首咒語，茲分錄如下——

a, ā, i, ī, u, ū, e, ai, o, au, aṃ aḥ sthito hṛdi /
jñāna-mū rtir ahaṃ buddho buddhānāṃ tryadhva-vartināṃ//

oṃ vajratīkṣṇa duḥkhaccheda prajnā-jñāna-mūrtaye/
jñāna-kāya vāgīśvara arapacanaya te namaḥ//

（五）第26頌末句：buddhānāṃ tryadhva-vartināṃ，施護譯為「三世諸佛所共說」，誤解vartin為轉法轉之轉，故譯為「說」，此可能是筆受者之誤解；金總持譯為「如來三業轉」，則誤解try-adhva為三業。當依月官謂指三身無分別。此即謂「由三身無分別轉起之諸佛」，是以三身無分別而說佛有法身與色身（報身、化身），故說為「轉起」，此即簡別「生起」，以不落因緣，不能說為生起，落於名言，故說為轉起。

（六）由第25至27頌，梵本說為「幻化網現證菩提次第三頌」。次第者，即謂由修a ā等生決定，入智化身，然後依六密咒王名號（真實名）觀修。

1、以智斷一切分別，故謂「金剛利」；

2、既斷分別，即離一切戲論（名言分別），故謂「離煩惱」；

3、離名言分別而證般若，無間而起智，故名「般若智化身」，此即謂由智境中無間而成識境自顯現，是即證深般若；

4、智境中自顯現而成身，故名「智身」；

5、有身則有語，故依語之施設而「辯自在」。

上來五者成一次第。

6、至於「五字文殊」，則其 a, ra, pa, ca, naya 及 te 亦成一次第，皆以如來藏為觀修。此可參考上引月官釋。

二　金剛界大壇城

28 **如是世尊諸佛陀　　等正覺由 a 字生**[53]
a 字一切字中勝　　是具大義微妙字[54]

【梵校】

頌 28 梵文為：

tadyāthā bhagavāṃ buddhaḥ saṃbuddho 'kāra-saṃbhavaḥ/
akāraḥ sarva-varṇāgryo mahārthaḥ paramākṣaraḥ

[53] 此二句梵文tadyāthā bhagavān buddhah sambuddho 'kāra-saṃbhavaḥ，對譯為「如是世尊 / 佛陀 / 等正覺 / a 字 / 生」。諸漢譯中，以釋智譯「如是正覺出有壞，究竟正覺啞中出」為最合。施護譯「阿字為正智，諸佛從是生」與沙囉巴譯「如是婆伽梵，菩提阿字生」稍為簡略。金總持譯「歸命佛世尊，出生菩提智」則不合梵典。

[54] 此句梵文為 mahārthaḥ paramākṣaraḥ。paramākṣara 一字，譯作「最勝字」、「最妙字」。故整句可譯作「大義勝妙字」。此與沙囉巴譯「大義微妙字」甚合。施護譯「是最上字義」與沙囉巴譯「為大最上義」則較為簡略。釋智譯「是大利益微妙字」，將 mahārtha 譯作「大利益」，唯 artha 雖有「利益」一義，但此處譯作「大義」較合。

【無畏譯記】

（一）梵典第四句 mahārthaḥ paramākṣaraḥ，譯言：具大義理，最高精神境界之字，所以沙囉巴譯為「大義微妙字」，於漢譯中最勝。釋智譯：「是大利益微妙字」，利益一詞乃屬意譯。然卻與藏譯同。

paramakṣara 一字，不能簡單譯之為「字」，以其於古印度教（婆羅門教），此「字」即指大梵精神，今移用於此，譯為「微妙字」正合。

29 大生機者實無生[55]　此即遠離於言說
是一切說殊勝因[56]　令一切語放妙光[57]

【梵校】

頌 29 梵文為：

mahāprāṇo hy anutpādo vāgudāharavarjitaḥ/
sarvābhilāpa hetv-agryaḥ sarva vāk suprabhāsvaraḥ//

[55] 此句梵文為 mahāprāṇo hy anutpādo。prāṇa 可解作「氣息」、「呼吸」、「生氣」、「生命」。施護及沙囉巴將 mahāprāṇa 譯作「大生」，即大生命之意。但此頌談及語，故此句可譯作「大風息實無生」。疑此指「心氣無二」。而釋智則譯作「諸境之內出無生」，不合梵典。

[56] 此句梵文 sarvābhilāpa hetv-agryaḥ，對譯為「一切言說 / 殊勝因」。施護譯「捨最上愛樂」與金總持譯「及一切音聲」，皆譯失此意。

[57] 此句梵文為 sarva vāk suprabhāsvaraḥ。以此頌談及語，故對譯為「一切語 / 放妙光」。

【無畏譯記】

（一）首句，藏譯本有譯為 khong nas 'byung ba，與譯為 srog chen po ste 之異，故前者全句可解為由「虛空之風」現真實無生，後者則指「大生命力」為無生。此為依梵文原典 mahā-prāṇa 一詞譯出之異譯。

梵 prāṇa，可解為氣息、生氣、生命力等，馮偉強認為此或指藏密修習之「心氣無二」，故譯為「風息」。他的理解與藏密教授合。藏密瑜伽行者認為，一切音唯 a 字不依外緣而生，即由腹中自然出氣便成 a 音，餘音則須依喉、舌、齒、顎以為外緣。故唱誦 a 音即是離一切外緣之無生，所以妙吉祥友尊者說此為「虛空之風」。風指氣息，虛空之風即指自然吐出之氣息。依此解，藏譯即譯為 khong nas 'byung ba。此較 srog chen po ste 為勝。

按，風息實指生機，即「現空無二」之「現」。心氣無二，其實亦即現空無二，由生機生出一切界，故梵 mahā-prāṇa 一詞，其實可譯為「大生機」，此亦即施護與沙囉巴所譯之「大生」。

法界生機即如來法身功德，故可說為一切界之殊勝因，不具生機則無一法可成自顯現，此即頌義，唯頌中只說語言。

（二）末句，梵 suprabha，宜依馮校，譯為「妙光」。藏譯 tshig kun rab tu gsal bar byed（令一切語極明顯）殆屬意譯。

30 大供養者之大貪[58]　一切有情令歡喜[59]
大供養者之大瞋　一切煩惱大怨敵

【梵校】

頌 30 梵文為：

mahā-maha-mahā-ragaḥ sarva sattva-ratiṃ-karaḥ/
mahā-maha-mahā-dveṣaḥ sarva-kleśa-mahā-ripuḥ//

58 梵文 mahā-maha，直譯為「大筵」，此合釋智與沙囉巴譯「大供養」。

59 此句梵文 sarva sattva ratiṃ karaḥ，直譯為「令一切有情歡喜」，由此可見，由本頌起，實說密乘不捨五毒之甚深理，如《幻化網秘密藏續釋 —— 光明藏》（香港密乘佛學會，2001年，頁194）云：「**於此密乘，五煩惱即是如來〔五〕種姓；若能由方便法轉為道用，即現起智慧，若即彼為證悟攝持，則成智慧本體。由此三者成立不捨棄〔五毒〕**」。故施護譯「最上增勝貪，諸眾生染行」與金總持譯「此摩訶大貪，一切眾生著」，實違反梵典原文義理。

【無畏譯記】

（一）首句梵文 mahā-maha-mahā-rāgaḥ，問題在於前兩個 mahā-maha（第三個 mahā 是 rāga 的形容詞）。按 mahā 為廣大、巨大義，maha 則有盛宴、齋供之意，故此可譯為「大供養」。施護譯為「最上增勝」，則以 maha 亦可解為富足、豐盛之故，但顯然與頌義不合。

（二）大貪為無量壽佛（阿彌陀佛 Amitābha）自性，轉為妙觀察智；大瞋為不動佛（Akṣobhya）自性，轉為大圓鏡智。

依妙吉祥友尊者疏，謂「大供養」者即能具大供養且了知大供養語義，故由此頌起，即說妙吉祥智勇識為大供養者，以識境之無分別大貪、大瞋等供養智境而五智現前。

（三）頌文謂「一切有情令歡喜」為大貪大供養；謂「一切煩惱大怨敵」為大瞋大供養，此即謂「反修」，修貪以除貪，修瞋以除瞋等。如世親所說之「貪出貪餘爾」。

31 **大供養者之大癡　以愚癡心除愚癡**
大供養者之大忿　即大忿恚之大敵[60]

【梵校】

頌 31 梵文為：

mahā-maha-mahā-moho mūḍhadhī-moho-sūdanaḥ/
mahā-maha-mahā-krodho mahā-krodha-ripur mahān

60 如上來所說之不捨五毒，施護譯「最上增勝癡，愚迷為智障，最上增勝忿，大忿怒大怨」與金總持譯「摩訶大愚癡，眾生心深入，摩訶大忿怒，是為大怨害」，實違反梵典原文義理。

【無畏譯記】

（一）承接上頌，說大癡為毘盧遮那佛（Vairocana）自性，轉為法界體性智；大忿為不空成就佛（Amoghasiddhi）自性，轉為成所作智。

（二）上頌大瞋，梵典作 mahā-dveṣa；此處大忿，梵典作 mahā-krodha。按，梵 dveṣa 可解為害心、怨心，故此大瞋即為怨敵義；梵 krodha 則為忿怒、恚忿，故此大忿即為大忿怒。亦可說瞋處於陰面，瞋而不怒；忿出於陽面，既忿則怒。

32 大供養者大慳貪[61]　　一切慳貪皆斷除[62]
大愛欲以及大樂　　大喜悅與大享樂[63]

【梵校】

頌 32 梵文為：

mahā-maha-mahā-lobhaḥ sarva-lobha-nisūdanaḥ/
mahā-kāmo mahā-saukhyo mahā-modo mahā-ratiḥ

61 梵文 mahā-lobha，一般譯作「慳貪」，與第 30 頌首句 mahā-rāga「大貪」有所區別。

62 此句梵文 sarva-lobha-nisūdanaḥ，譯作「一切慳貪皆斷除」。如上來所說，施護譯「最上增勝染，為諸染所纏」與金總持譯「摩訶大愛樂，心種種見著」，實違反梵典原文義理。

63 此二句梵文為 mahā-kāmo / mahā-saukhyo / mahā-modo / mahā-ratiḥ。若依梵義，kāma 譯作「欲」、saukhya 譯作「快樂」、moda 譯作「喜悅」及 rati 譯作「享樂」。故整句可譯作「大欲、大樂、大喜悅與大享樂」。但金總持及沙囉巴將 mahā-rati 譯作「大染」，而釋智則將 mahā-moda 與 mahā-rati 譯作：「大安樂」、「大喜足」。彼等譯不甚合梵典。

【無畏譯記】

（一）梵文原典首句說 mahā-lobhaḥ，此 lobha 通常譯為「慳貪」。釋智譯為「貪欲」，易與前頌之「貪」相混。

（二）又，大慳貪為寶生佛（Ratnasaṃbhava）自性，轉為平等性智。

（三）末二句，梵典連出四詞 —— mahā-kāma；mahā-saukhya；mahā-moda；mahā-rati。金總持及沙囉巴皆分別譯之為大欲、大樂、大喜、大染；釋智則譯為大欲、大樂、大安樂、大喜足。依梵藏，皆可依馮校譯為：大欲、大樂、大喜悅、大享樂。

妙吉祥友釋此云 —— 一切有情欲得成佛，謂「大欲」；能給予一切有情解脫樂，謂「大樂」；從甚深法要門給予諸有情喜悅，謂「大喜悅」；於示現諸神變時，所調化等能心生歡喜，謂「大享樂」。

33 大形色與及大身　大顯色與大形相[64]
大名與及大廣大[65]　以及大廣博壇城[66]

【梵校】

頌 33 梵文為：

mahā-rūpo mahā-kāyo mahā-varṇo mahā-vapuḥ/
mahā-nāmā mahodāro mahā-vipula maṇḍalaḥ//

64 梵文 mahā-varṇa。施護、金總持、沙囉巴均譯作「大相」，而釋智則譯作「大色并」。

梵文 mahā-vapus。金總持、沙囉巴均譯作「大貌」，施護譯作「大力」，而釋智則譯作「大形像」。

65 梵文 mahodāra。Udāra 解作「高大」、「廣大」，但亦可解作「有威嚴」。故施護譯作「大施」、金總持譯作「大威德」；而沙囉巴與釋智分別譯作「大廣大」與「大廣博」。

66 梵文 mahā-vipula-maṇḍala，可譯作「大廣博壇城」。施護譯作「大廣博圓滿」、金總持譯作「大圓滿道場」。沙囉巴與釋智譯則合梵典。

【無畏譯記】

（一）本頌梵讚七個 mahā，應由梵文原意及藏譯漢譯加以理解，予以確定。

mahā-rūpa 意為「大色」，通指物質界，由是釋智譯為「大境色」，可譯為「大形色」，即能與藏譯 gzugs che 對應。

mahā-kāya 譯為「大身」應無疑義。

mahā-varṇa，藏譯為 kha dog che，此藏文通常譯為「大顯色」，此「顯色」與第一句之「形色」有別。顯色謂「自顯現之物質境」，形色則謂「具形相之物質境」。

mahā-vapus，此 vapus，若作名詞用，可譯為相貌，故金總持與沙囉巴均譯之為「大貌」。釋智則譯為「大形像」。施護可能將 vapus 誤為 vara，故譯為大力，以 vara 可解為願力。今譯為「大形相」。

mahā-nāmā，譯為「大名」，應無疑義。釋智譯為「大明」，乃傳譯時聆音書字所誤書。

mahodāra，漢譯多岐異，施護譯為「大威德」、金總持譯為「大施」、沙囉巴譯為「大廣博」、釋智譯為「大廣大」。藏譯 zhing rgya che ba，則意為「大廣大」，或「大廣博」。然而施護及金總持之譯亦非無據，此「廣大」若指如來法身功德，則可譯為「大威德」及「大施」。

mahā-vipula-maṇḍala，意為「大廣博壇城」，壇城一詞，元代譯為「中圍」、宋代則有譯為「道場」者。廣博，廣大、宏博之謂，此說周遍一切界，故「大廣博」。

34 **大般若劍執持者　　持大煩惱鈎勝者**[67]
具大名稱大美譽[68]　　**大顯現及大明照**[69]

【梵校】

頌 34 梵文為：

mahā-prajñā-yuddha-dharo mahā-kleśāṇkuśo 'graṇīḥ/
mahā-yaśa mahā-kīrtir mahā-jyotir mahā-dyutiḥ//

67 此二句梵文 mahā-prajñā-yuddha-dharo mahā- kleśāṇkuśo 'graṇīḥ，譯為「持大般若劍，大煩惱鈎勝者」。諸漢譯以沙囉巴譯「持大智慧劍，勝大煩惱鉤」為最合。金總持譯「持大智慧劍／斷大煩惱網」及釋智譯「持於廣大智慧器，鉤煩惱鉤大中勝」與梵典比較並不完全準確。施護譯則完全不合梵典。

68 此句梵文 mahā-yaśa mahā-kirtir，對譯為「大名稱／大美譽」。仍以沙囉巴譯「大名大美譽」為最合。餘漢譯不甚合梵典。例如，釋智譯作「普聞妙聞皆廣大」。

69 此句梵文 mahā-jyotir mahā-dyutiḥ，對譯為「大光明／大照耀」。除釋智譯「顯中即是廣大顯」外，餘漢譯皆譯作「大光大明照」。

【無畏譯記】

（一）本頌難點在頌末句，mahā-jyotir mahā-dyutiḥ。釋智譯此句為：「顯中即是廣大顯」，與餘譯最為不同，餘譯譯此為「大光大明照」。

藏譯 snang ba 可譯為明，但亦可譯為顯現，此與梵 jyotir 相應；gsal ba 可譯為明照，與梵 dyuti 相應。無論梵藏，二詞義皆相近。

若參考妙吉祥友疏，謂 snang ba 指內智顯現，gsal ba 指光輝遍現於外（由是而成識境自顯現），則應將前者譯為顯現，後者譯為明照。

35 賢者持此大幻化　　成就大幻化義理[70]
其樂為大幻化樂[71]　　能幻大幻化所幻

【梵校】

頌 35 梵文為：

mahāmāyādharo vidvān mahā-māyārtha-sādhakaḥ/
mahā-māyā-rati-rato mahāmāyendrajālikaḥ//

[70] 此句梵文 mahā-māyārtha-sādhakaḥ。對譯為「成大幻化義 / 成就」。釋智將artha譯為「利益」，餘漢譯皆譯為「義」。雖artha可解作「義」、「利益」等，然而於此應譯為「義」。

[71] 此句梵文 mahā-māyā-rati-rato，對譯為「大幻化 / 樂 /〔之〕樂」。諸漢譯，除釋智外，只譯一個 rati，例如，施護與沙囉巴，分別譯為「得大幻妙樂」及「大幻最妙樂」，而金總持譯為「大幻化染欲」。又，rati 一般譯作「樂」，但於梵義，實為雙身之樂，（故金總持將其譯為「染欲」）。但於密義中，rati 實有生機之義，乃「樂空」之「樂」。故釋智譯為「大幻化內喜中喜」不合梵義，以 rati 於此非指歡喜義，必須依名相譯之為「樂」。

【無畏譯記】

（一）本頌讚妙吉祥於大幻化網壇城中具四德，亦可謂具如來藏四德：淨我樂常。以大幻化即具如來藏義理。佛內自證智中有識境隨緣自顯現，即為大幻化。

依頌義，可譯為長行 —— 賢者持大幻化而成就大幻化義理、其樂為大幻化之樂、〔於大樂中〕能幻成大幻化所幻〔諸顯現〕。

如是，持大幻化者是淨，以其為壇城所幻故；持大幻化義理即是我，以大幻化即是遍一切界自顯現，現一切法故；大幻化樂即是樂，此不必說；能幻大幻化所幻即是常，以其大幻化為無間斷故。

36 **大布施主最上尊**[72] **大持戒者最殊勝**
大安忍者具堅忍[73] **大精進者勝摧伏**[74]

【梵校】

頌 36 梵文為：

mahā-dānapatiḥ śreṣṭho mahāśīladharo 'granih/
mahā-kṣāntidharo dhīro mahāvīrya-parākramaḥ//

[72] 梵文 mahā-dānapati。釋智譯為「大施主」。由本頌起因說及六波羅蜜多，應譯作「大布施主」為較佳。

[73] 梵文 mahā-kṣānti。漢譯一般將其譯作「忍辱」。但若配合梵義與法義，應譯作「安忍」為佳。以此指「能安忍於波羅蜜多」，而非為世俗之「忍辱負重」。

[74] 梵文 parākrama，有「剛勇克服」之意。金總持與沙囉巴譯「勇猛」皆可。但釋智譯作「棄捨」則不合梵意。而施護則譯缺此字。

【無畏譯記】

（一）由此頌起至 38 頌，讚妙吉祥具足十波羅蜜多。

（二）所應討論者，為末句 parākrama 一字。此於二藏譯分別譯為 brtul ba 與 pha rol gnon，前者可解作「勇猛」，亦可解為「勝伏」。後者則可解作「壓伏」、「征伏」。依梵字，則可解為最勝克服，故譯為勇猛雖亦可合，但文意間接。

37 **大禪定中住等持**[75] **大般若而持身者**[76]
大力大方便具足[77] **大願是勝智大海**[78]

【梵校】

頌 37 梵文為：

mahā-dhyāna-samādhi-stho mahā-prajñā-śarīra-dhṛk/
mahā-balo mahopāyaḥ praṇidhi- jñāna-sāgaraḥ//

[75] 此句梵文 mahā-dhyāna-samādhi-stho，對譯為「大禪定中 / 等持 / 住」。施護譯「大禪定等持」為最合梵典。餘漢譯與梵典稍異。例如，金總持譯作「大禪定安住」、沙囉巴譯作「大禪住正受」、而釋智譯作「以大禪定住靜慮」。

[76] 此句梵文 mahā-prajñā-śarīra-dhṛk，對譯為「大般若 / 持身」。施護譯「大慧堅固聚」及金總持譯「大智慧出生」與梵義異。

[77] 梵文 mahā-bala，直譯為「大力」。但施護與金總持皆譯為「大願」，而將下句 praṇidhi（大願）譯為「大力」。

[78] 此句梵文 praṇidhi-jñāna-sāgaraḥ，對譯為「大願 / 智/大海」。沙囉巴譯作「大願大智海」而釋智譯作「大願勝智是大海」。疑沙囉巴譯較合。

【無畏譯記】

（一）首句，釋智譯「以大禪定住靜慮」，可商榷。頌意原云：住於大禪定之三摩地中。譯文稍曲。且 samādhi 是否可譯為靜慮，亦應斟酌。因為靜慮即 dhyāna（禪定）之意譯，與 samādhi（等持）不同。所以這句，只能解為：住於大靜慮之等持中，或：住於大禪定之等持中。而不能解為禪定而住靜慮。今譯為「大禪定中住等持」。

（二）末句，釋智譯為「大願勝智是大海」，亦可商榷。頌意實云：大願即智慧大海。此非謂「大願勝智」為大海。

（三）至此，說十波羅蜜多竟。

38 **大慈之類無量數**[79] **大悲則具殊勝意**[80]
大般若者具大慧[81] **大方便者大作業**[82]

【梵校】

頌 38 梵文為：

mahāmaitrī-mayo 'meyo mahākāruṇiko 'gradhī/
mahā-prajño mahā-dhīmāṃ mahopāyo mahā-kṛtiḥ//

79 此句梵文為 mahāmaitrī-mayo 'meyo。maya 可譯為「所成」、「性類」，而此句對譯為「大慈／所成／無量」。沙囉巴與釋智將 maya 分別譯為「性」與「自性」。又，施護與金總持分別將此句譯為「大慈平等法」與「大慈法無我」，而梵典不見「平等法」與「法無我」之對譯。

80 梵文 agradhī，應譯為「殊勝意」。施護、金總持、沙囉巴、釋智於此所譯皆異，分別譯為「心增上」、「深妙行」、「身殊妙」、「勝智慧」。

81 此句梵文為 mahā-prajño mahā-dhīmāṃ。沙囉巴與釋智將 mahā-dhīmāt 譯為「大智」。但 dhīmāt 應譯為「慧」，與 jñāna（智）、prajñā（般若）有所區別。

82 梵文為 mahā-kṛti，即「大作」，施護、金總持、沙囉巴、釋智於此所譯皆異，分別譯為「廣作」、「大施」、「善巧」、「大解」。

【無畏譯記】

（一）藏譯有岐異，漢譯亦有岐異，故此或能說明梵本原已有岐異。

（二）第三句，釋智譯為「有大智慧具大智」；沙囉巴譯為「般若具大智」，其「大智」一詞，於梵典為 mahā-dhīmāt，即是「具慧」，此「慧」有作意，故與離作意之「智」（jñāna）不同。妙吉祥友尊者於其釋論中說言：於一切有情能通達一切法而生歡喜，即說此「慧」。

（三）第四句，藏譯或作 mkhas pa chen po thabs che ba（大善巧是大方便）；或作 thabs chen byed pa chen po ste（大方便者大作業）。漢譯之岐異亦同。施護譯「大方便廣作」與後者對應；沙囉巴之「善巧大方便」，釋智之「大解即是大方便」，則與前者對應。

依梵文原典，upāya 義為方便；kṛti 義為造作，故以「大方便者大作業」為合。（但不排除另有梵本作「大善巧是大方便」。）

（四）回到第二句，漢譯譯為「慧」或「智」者，實應為「意」。此字梵典為 dhī，即指意之領會。

故知梵典於本頌中，實將智（般若 prājña）、慧（dhīmāt）、意（dhī）三者併列以便讀者分別。

39 **具大神通之能力**[83] **大勢用及大疾速**[84]
大神通亦大名稱[85] **大力用為征伏者**[86]

【梵校】

頌 39 梵文為：

maha-ṛddhi-balopeta mahā-vego mahājavaḥ
maha-ṛddhiko maheśākhyo mahā-bala parākramaḥ//

83 梵文 bala，即「力」。但施護與金總持將其譯為「變化」與「智力」。

84 梵文 mahā-vega。vega 指勢如破竹之衝力，施護與沙囉巴將其譯為「大行」與「勇建」尚可，釋智則籠統地譯為「大力」。

85 梵文 maheśākhya。īśākhya 即 īśa-ākhya，對譯為「具有/名稱」。沙囉巴與釋智分別譯 maheśākhya 為「遍聞」與「大名稱」。但施護與金總持將其譯為「自在」與「大力」，疑將 maheśākhya 誤為 maheśvara，以 īśvara 有「權力」、「自在」之意。

86 此句梵文為 mahā-bala parākramaḥ。對譯為「大力 / 征伏」。此「力」與第一句之 bala 有不同之意。第一句梵文為 maha-ṛddhi-balopeta，乃為「具大神通之力」。第四句則為「作征伏之大力」，故釋智將第一句與第四句分別譯為「具大神通及大力」與「大力令他令摧伏」，乃將兩句 bala 之涵意模糊。

【無畏譯記】

（一）梵文原典第二句之 mahā-vega，藏譯作 shugs chen；第四句之 mahā-bala，藏譯作 stobs chen，十分對應。前者指如水流衝擊之力，故可譯為「勢力」、「猛力」；後者則泛指「力」。沙囉巴譯前者為「勇健」、後者為「力」合。釋智則二者皆譯為「力」，含混。

（二）末句，施護譯「大力大勇猛」；金總持譯「大流轉除斷」；沙囉巴譯「大力大敵怨」；釋智譯「大力令他令摧伏」，皆可商榷。梵典 parākrama 一詞見於前 36 頌，唯於此處，二藏譯不復岐異，均譯作 pha rol gnon，故應譯為「征伏」。

40 三有大山能摧壞[87] 大金剛持不可摧[88]
大殘暴即大緊張[89] 大怖畏中施怖畏

【梵校】

頌 40 梵文為：

mahā-bhavādri-saṃbhettā mahā-vajra-dharo ghanaḥ/
mahā-krūro mahā-raudro mahā-bhaya-bhayaṃ-karaḥ//

[87] 此句梵文 mahā-bhavādri-saṃbhettā，對譯為「大／有山／能摧壞」。沙囉巴與釋智分別譯為「摧壞三有山」與「三有大山悉能壞」。但施護與金總持譯則不見此之對譯。

[88] 此句梵文mahā-vajra-dharoghanaḥ，對譯為「大金剛持/堅固」。此與第一句「〔三〕有大山能摧壞」有對比之意。故沙囉巴譯「摧壞三有山，執持金剛杵」與釋智譯「三有大山悉能壞，持大堅固大金剛」不能突出梵文原意。

[89] 此句梵文為 mahā-krūro mahā-raudro。krūra 意為猙獰、殘忍，而 raudra 則乃暴憤的情緒，諸漢譯皆意譯此二字，例如，施護譯為「大惡極忿怒」，而沙囉巴譯為「威猛大勇健」。釋智則異於其他而譯作「大緊即是大雄勇」。

【無畏譯記】

（一）頌文第二句，藏譯 mkhregs shing 與梵典 ghana 相應，義為堅固、厚重。但 ghana 另有一重意義：不可壞，不得摧毀。故於《入楞伽經》中，此字又譯為「雲」，雲可散，不能摧。

故頌文此句實與第一句對比而言，首句云三有大山能摧壞，次句則言大金剛持不能摧壞。漢諸譯皆失此義。

（二）沙囉巴譯云：「摧壞三有山，執持金剛杵」，則意為持金剛杵以摧壞三有山，與梵典原意不合。釋智譯同此過失。

（三）第三句，梵 mahā-krūra，釋智譯為「大緊」，最為別異。梵此字意為猙獰、殘暴。但下一字 raudra，語源為 rudra，此即暴風雨神之名。可意譯為「緊」（如風緊、雨緊、著緊）。故知釋智此譯實深究梵文而譯，唯將句中二詞移位。

又，今粵語尚有「肉緊」一詞，意為肌肉緊張，引伸義為因著緊一事而變成暴燥。此詞語甚古，可能由宋代中原人士南移時帶入廣州，故釋智用「緊」字，實為當時口語。今將此譯為「大緊張」，即符合梵文原典。

41 尊勝大明之怙主　　尊勝大密咒上師[90]
住於大乘義理中　　是大乘道尊勝者[91]

上來金剛界大壇城十四頌。

// vajra-dhātu-mahā-maṇḍala-gāthaś caturdaśa //

【梵校】

頌 41 梵文為：

mahā-vidyottamo nātho mahā-mantrottamo guruḥ/
mahāyāna-nayārūḍho mahāyāna-nayottamaḥ//

[90] 此二句梵文 mahā-vidyottamo nātho / mahā-mantrottamo guruḥ，直譯為「殊勝大明之怙主，殊勝大咒之上師」，但沙囉巴與釋智分別譯為「尊者最勝種，上師密咒尊」與「尊者大種即殊勝，上師密咒大殊勝」，梵典沒有「種」、「大種」之對譯。

[91] 梵文 mahāyāna-naya，乃「大乘道」之意，沙囉巴譯「大乘理」與施護譯「大乘教」亦可。釋智譯「大乘相」則稍欠準確。

【無畏譯記】

（一）梵文原典第一、二句，mahā-vidyottama，mahā-mantrottama，二字皆有uttama，此意為摧暗而光明，用以形容分別連接此二字之下的名詞，nātha（怙主）與guru（上師）。故施護譯第一句為「大明破諸暗」，似與藏譯完全不同，實質即有繙譯uttama之意。餘譯譯為「最上」、「最勝」、「殊勝」都是對uttama的直譯。

今因字數限制，於第二句，亦未譯出「明義」，唯密咒亦稱為「明」，故似尚可。

（二）藏譯首句mgon po rigs mchog chen po ste（尊者種姓最尊勝），不與梵典對應，梵本無「種姓」一詞。唯沙囉巴譯「尊者最勝種」恰與藏譯對應（釋智將rig譯為「大種」，亦合藏譯）。然妙吉祥友疏，則無「種姓」之疏。

（三）本頌讚妙吉祥智慧勇識為大持明怙主、大密咒上師，即說六種姓中「密咒持明種姓」之導師，亦即說此「金剛界大壇城」，可應此種姓機。

三　清淨法界智

42 彼大毘盧遮那佛[92]　　具大寂默大牟尼[93]
自大密咒理出現　　具大密咒自性理[94]

【梵校】

頌 42 梵文為：

mahāvairocano buddho mahā-maunī mahā-muniḥ/
mahā-mantra-nayodbhūto mahā-mantra-nayātmakaḥ//

[92] 此句梵文 mahāvairocano buddho，直譯為「大毘盧遮那佛」，而釋智譯作「廣大正覺眾明主」。

[93] 此句梵文 mahā-maunī mahā-muniḥ，直譯為「大寂默大牟尼」，釋智譯作「具大寂默大寂默」，未將形容詞與名詞作分別。

[94] 此句梵文為 mahā-mantra-nayātmakaḥ。ātmaka，可譯為「我性」、「自性」，於此頌，沙囉巴與釋智分別譯為「性」與「自性」。而施護與金總持則譯缺此字。

【無畏譯記】

（一）第一句，明出「大毘盧遮那佛」之名，釋智卻依字義，將 buddha 譯為「正覺」，將 vairocana 譯為「眾明主」。此處意譯不妥，因必須於此處出佛名號，始能表出壇城主為誰，因「正覺眾明主」一詞非佛號，即不能明指。

（二）藏譯梵 mahāvairocana buddha 一詞，為 sangs rgyas rnam par snang mdzad che，此中的 mdzad che，意為「大成就」，此為梵典所無。

月官釋論，分 sang rgyas（正覺）、rnam par snang（遍照）、mdzad che（大成就）三詞作釋，一如上來於第 5 頌，將 buddha 一詞，依藏 sang rgyas，分拆為 sang 與 rgyas 而釋，實與梵典不合。月官釋論為梵文，於造論時，焉能預知藏文繙譯之譯文，且依之造論釋義耶？故知月官釋論已經西藏譯師改作。故繙譯時，絕不能依月官釋論而譯，仍以據梵文原典為妥。

且本經有甚多釋論，除月官外，未見有釋 mdzad che 一詞者，由此可見岐異之當與不當。用月官釋論，必須小心，防為外加義所誤。

（三）梵典第二句，mahā-maunī mahā-muniḥ，前一詞為「大寂默」，後一詞為「大牟尼」，此為名詞，指毘盧遮那佛。漢譯中唯釋智所譯混淆，譯為「具大寂默大寂默」，不宜依從。

（四）妙吉祥友疏，釋第三句「自大密咒理出現」，云：「以空性為先，由生圓次第生起尊身」。月官釋論亦同，唯較詳，於此可見，即說修此「清淨法界智」之不空成就佛壇城，即與前說六種姓中之「三觀修種姓」相應，以其修生圓二次第也。

43 **十波羅蜜多能得　　十波羅密多安住**
十波羅蜜多清淨　　十波羅蜜多理趣[95]

【梵校】

頌 43 梵文為：

daśa-pāramitā-prāpto daśa-pāramitā-śrayaḥ /
daśa-pāramitā-śuddhir daśa-pāramitā-nayaḥ//

[95] 此頌梵文如上。施護譯與沙囉巴譯最合梵典。釋智譯則不夠準確，以其意譯 daśa-pāramitā，於本頌四句分別譯為「十種到彼岸」、「十種彼岸中」、「十彼岸到」及「十種彼岸」。此等意譯則不及音譯「十波羅蜜多」之統一。

【無畏譯記】

（一）pāramitā，音譯「波羅蜜多」，義譯則為「到彼岸」或「完成」。藏譯 pha rol phyin pa 即用意譯，西夏譯亦為意譯。然漢譯中唯釋智用意譯。按，用音譯已成漢譯傳統，故應從之。

（二）梵頌四句，皆以「十波羅蜜多」為主詞，今悉從之。

44 十地自在之怙主　安住於彼十地中
具十智清淨我性[96]　十智清淨受持者[97]

【梵校】

頌 44 梵文為：

daśa-bhūmīiśvaro nātho daśa-bhūmi-pratiṣṭitaḥ/
daśa-jñāna-viśuddhātmā daśa-jñāna-viśuddha-dhṛk//

[96] 此句梵文 daśa-jñāna-viśuddhātmā，對譯為「十智 / 清淨我性」。施護譯與沙囉巴亦譯為「十智清淨我」。釋智則譯為「具知十種之自性」。

[97] 此句梵文 daśa-jñāna-viśuddha-dhṛk，對譯為「十智 / 清淨受持」。諸漢譯皆不甚合梵義，例如金總持譯為「十智功德聚」，施護譯與沙囉巴則譯為「十智淨堅固」。而釋智如上句將 deśa-jñāna（十智）譯為「十種」。

【無畏譯記】

（一）梵文原典第三句，viśuddhātma 一詞，意為「清淨我」。藏譯 bdag nyid can（具……自性者），用以與梵 ātman（自我，我性）對應。漢譯唯釋智與藏譯略同（譯為「具知十種之自性」），餘皆譯為「清淨我」或「清淨身」。應依梵典表明「我性」義，蓋妙吉祥友尊者於此疏云：「能得此十智清淨我之自性」。此說「我之自性」即為「我性」。

（二）十智，妙吉祥友及月官，皆謂指苦智、集智、滅智、道智、盡智、無生智、法智、類智、世俗智、他心智。此出《俱舍論》，故說為聲聞十智。以此十智了知「我之自性」，故頌文即如是說。

45 十行相十義義利[98] 寂默主十力遍主[99]
行相無餘成利益 於十行相大自在[100]

【梵校】

頌 45 梵文為：

daśākāro daśārthārtho munīndro daśa-balo-vibhu/
aśeṣa-viśvārthakaro daśākāra-vaśī mahān//

[98] 此句梵文 daśākāro daśārthārtho，對譯為「十行相／十義之義」。施護、金總持與沙囉巴大致上譯為「十相十義」，而譯失句末之 artha。釋智則譯為「十種義相義中義」，稍欠準確。

[99] 梵文為 daśa-balo-vibhu。vibhu 有無所不在、遍在之意，故 daśa-balo-vibhu應譯為「十力遍主」，金總持與沙囉巴譯為「十力尊」、釋智譯為「十力主」，皆不能突出周遍之意。

[100] 此句梵文為 daśākāra-vaśī mahān。此句之 daśākāra 亦見於本頌首句。諸漢譯將首句之 daśākāra 譯為「相」，但末句之 daśākāra 則譯法有二。施護譯為「相」，而沙囉巴與釋智則譯為「種」，蓋 ākāra 亦有種類之意。

【無畏譯記】

（一）梵典首句與第四句之 daśākāra，皆含 ākāra 此字根，意為「相」、「種類」。佛典中多譯為「行相」，如四諦之「十六行相」（ṣoḍaśa ākāra）。於頌文中，首句譯之為「十行相」可無疑問，但於末句，到底應譯「十行相」或「十種」，則成疑問。施護譯「十相最寂靜」，取前者；沙囉巴譯「具十大自在」，及釋智譯「具有十種大自在」，皆取後者。

（二）又，首句釋智譯為「十種義相義中義」，含混。馮偉強校勘為「十行相十義之義」則清晰，此乃據梵典直譯。

（三）十行相者，妙吉祥友依《佛說法集經》，說此指十諦。即世諦、第一義諦、相諦、差別諦、觀諦、事諦、生諦、盡無生智諦、入道智諦、集如來智諦。此十諦語義所含之要義，即是「十行相十義」（大正．十七，頁 622 上）。

月官則將「十行相」依《辯中邊論》說為十種執。論言——

> 於蘊等十法起十種我見。一執一性；二執因性；三執受者性；四執作者性；五執自在轉性；六執增上義性；七執常性；八執染淨所依性；九執觀行者性；十執縛解者性。（大正．十七，頁 470 上）

然則，何為十行相義之義？月官疏未說，依《辯中邊論》，當知此指善巧真實之十善巧。論言——

> 此復十種，為欲除遣十我見故。十善巧者，一蘊善巧；二界善巧；三處善巧；四緣起善巧；五處非處善巧；六根善巧；七世善巧；八諦善巧；九乘善巧；十有為無為法善巧。（大正．十七，頁 468 上）

此即十行相義之要義，蓋指對治而言。

由是抉擇梵典首句 daśākāro daśārthārtho，直譯可譯為「十行相之十種義之義」，即十種行相以十種義之對治為義」，故應譯為「十行相十義義利」。artha 雖可解為「義」，但亦涵「義利」、「饒益」等義。譯為「義利」，即顯其具「對治」之意趣。

（四）依上來所說理趣，似不宜將末句譯為「具有十種大自在」，應關照首句，譯為「於十行相大自在」。蓋能洞悉十種行相之對治，即能於此十種行相自在（vaśa）。此自在實為「支配」、「掌握」義，故與對治義合。

（五）今拙譯，全頌皆緊扣「十行相」而說，似與梵典吻合。蓋十行相雖為十種我見之執，然加以對治（十善巧）則成利益，由是「寂默主十力遍主」即能於十行相大自在。此亦即轉識成智之轉依。參看下來二頌即知。

46 無始來時離戲我　　清淨我如如性我[101]
真實語而如其語　　如語而行不異語[102]

【梵校】

頌 46 梵文為：

anāidr niṣprapañcātmā śuddhātmā tathatātmakaḥ/
bhūta-vadī yathā-vādī tathā-kārī ananya-vāk//

[101] 此二句梵文 anāidr niṣprapañcātmā śuddhātmā tathatātmakaḥ，對譯為「無始以來 / 離戲論我 / 清淨我 / 如如性我」。諸漢譯皆不能表達此意，例如施護譯為「遠離諸戲論　我及真如淨」，而釋智譯為「離彼無始戲論主　真如自性清淨王」。彼譯不能明顯「我」乃本來離戲論、清淨、及具如如性，以「我」即周遍一切界之「大我」。

[102] 此二句梵文 bhūta-vadī yathā-vādī tathā-kārī ananya-vāk，對譯為「真實語 / 如其語 / 如所行 / 不異語」。施護、金總持等，由於彼等譯為五字一句，故不能完全表達梵頌本意。例如施護譯為「如語真實語，如理行無異」，及金總持譯為「真語與實語，如語不異語」。

【無畏譯記】

（一）本頌承接上二頌而說「我」。

於 44 頌，讚妙吉祥智慧勇識「具十智清淨我性」，即簡別聲聞十智；於 45 頌，則讚其能無餘對治十種我見而成利益，即簡別外道。本頌讚其成就「無始以來離戲論我〔性〕」、「清淨我〔性〕」、「如如我〔性〕」，是即現證如來藏果。

施護及沙囉巴譯「我及真如淨」，不當。不能表達清淨我、如如我。

（二）釋智譯「離彼無始戲論主」，是依藏譯。藏譯此句為 thog ma med par spros med bdag，即是「無始離戲論主」，下句之「主」（或「王」），同。然梵文原典則無「主」一詞。

（三）頌第三句，釋智譯為「言說真實不諱句」，如依藏譯 tshig gzhan med，「不諱句」當改為「不變句」（沈衛榮校譯為「無他句」，更合藏譯原義）。依梵 yathā-vādi，則當譯「如其語」。

47 以無二而說無二[103]　住於真實之邊際
由是無我獅子吼　惡外道獸極怖畏[104]

【梵校】

頌 47 梵文為：

advayo 'dvaya-vādī-ca bhūta-koṭi-vyavasthitaḥ/
nairātmya-siṃha-nirnādaḥ ku-tīrthya-mṛga bhikaraḥ//

103 此句梵文 advayo 'dvaya-vādī-ca，對譯為「無二／無二而說」。沙囉巴譯「不二說無二」最為準確，餘漢譯皆譯失此意。例如，施護譯為「無二說二語」、金總持譯為「無二非無二」等。

104 梵文ku-tīrthya-mṛga，直譯應為「惡外道獸」，漢譯譯為「外道惡獸」，可能令讀者誤解為「外道」與「惡獸」。

【無畏譯記】

（一）首句漢譯多歧異。施護譯為「無二說二語」，大誤；金總持譯為「無二非無二」，亦大誤；釋智譯為「於無二中說無二」，似是而非。唯沙囉巴譯為「不二說無二」最合梵典原意。此即「以無二而說無二」，或「以離二而說無二」。

（二）末句，非謂外道與惡獸，實謂「惡外道獸」，此即以獸（mṛga）為惡外道之同位詞。

（三）本頌結成「我」與「無我」無二。蓋此說為「我」者，如前頌云，是離戲我、清淨我、如如性我。

48 周遍一切不空趣[105] 疾速猶如如來意
勝者勝敵勝怨敵[106] 大力猶如轉輪王[107]

【梵校】

頌 48 梵文為：

sarvatra-go 'moghagatis tathāgata-manojavaḥ/
jino jitārir vijayī cakra-vartī mahābalaḥ//

[105] 此句梵文 sarvatra-go 'moghagatis，直譯為「周遍一切不空趣」。此中 gati 應譯為「趣」，以其為六趣之意，即識境，而此句實指如來法身功德周遍一切界任運自顯現為諸趣境。但諸漢譯皆譯失此意。

[106] 此句梵文 jino jitarir vijayī，說三種勝，分別為：「勝」、「勝敵」、「摧敵而勝」。施護譯「降伏諸勝怨」及金總持譯「勇猛破怨敵，是名為最勝」皆譯失梵典原意。唯沙囉巴譯「勝勢勝冤勝」及釋智譯「勝及最勝勝怨中」，則尚可。

[107] 梵文 cakra-vartī，意為轉輪王，釋智譯為「轉輪者」，稍欠準確。

【無畏譯記】

（一）首句漢譯多欠確。施護譯「一切處解脫」，梵典根本無「解脫」義；金總持譯「一切真空行」，亦不知「真空」義從何而來；沙囉巴譯「行游於有義」，較接近，但 'mogha （=amogha） 其意僅為「不空」，不空並不等如有；釋智譯「遊行一切有義中」，其失與沙囉巴同。

此句，實即說如來功德周遍一切界，故一切界始得以功德力作隨緣自顯現，由是成立一切情器世間（月官釋為「一切時」、「一切處」即已說此周遍為一切時空之周遍）。

故此，「遊行一切……」，或「行游」，皆宜譯為「周遍一切」。

（二）復次，梵 amogha-gati，直譯應為「不空趣」。此即謂世間不空，此亦出如來藏義，以法身功德周遍而成就世間故。藏譯為 don yod stobs，則為「不空力」，此指不空之力用，仍說法身功德（由是即知譯為「有義」，十分誤解）。

（三）第三句，梵典作 jino jitarir vijayī，逐字對譯，應為「勝／勝敵／降敵而勝」。比對藏譯 rgyal ba / dgra rgyal / rnam pa rgyal （勝／最勝／戰勝），大致上二者對應。施護及金總持譯得十分馬虎，沙囉巴則逐字對譯為「勝／勢勝／寃勝」；釋智亦逐字對譯「勝／（及）最勝／勝怨（中）」。此所謂「寃勝」或「勝怨」，其實即降敵而勝。此以「敵」為「寃」、「怨」故。

此三詞實分次第。妙吉祥友尊者言：「以其能破罪惡諸法，故謂勝者；於諸說中特為殊勝，故謂最勝者；及能降服諸魔等怨敵，故謂摧敵。」

月官更將此三者分別說為聲聞、菩薩、佛陀功德，亦合。

49 眾之主尊眾之師[108] 眾王眾主具自在[109]
以其執持大威德[110] 大理不受他人引[111]

【梵校】

頌 49 梵文為：

gaṇamukhyo gaṇācāryo gaṇeśo gaṇa-patir vaśī/
mahānubhāvo dhaureyo 'nanya-neyo mahā-nayaḥ//

[108] 此句梵文為 gaṇamukhyo gaṇācāryo。gaṇa 有「大衆」、「群衆」之意；mukhya 則解作「首長」、「最高」，可譯作「正尊」；而 acārya 則解作「導師」。諸漢譯皆有失。

[109] 此句梵文 gaṇeśo gana-patir vaśī，對譯為「眾王／眾主／自在」。釋智譯「集王集主集自在」最合梵典。沙囉巴譯「衆尊大自在」稍為簡略。餘譯失義。又此句另有梵文版本為：gaṇeśvara gana-patir vaśī（眾自在天眾主具自在）。

[110] 梵文 mahānubhāva（大威德）。施護譯「大威德大智」、沙囉巴譯「大勢威崇重」，及釋智譯「愛護大靈驗」不合梵本。

[111] 此句梵文 'nanya-neyo mahā-nayaḥ，直譯為「大理不為他人所導引」。但諸漢譯皆譯失此義。施護譯作「諸教無能勝」；沙囉巴譯作「大教無能勝」，及釋智譯作「大義不受他恩念」。

【無畏譯記】

（一）第一句 gaṇa 一詞，釋智譯為「集」，因 gaṇa 有「集會」義，唯於此處當如沙囉巴譯為「眾」。

gaṇa-mukhya，意為「眾之主尊」，此指菩薩眾之主尊（依妙吉祥友疏）；gaṇācārya「眾之導師（阿闍梨）」，此指聲聞眾之導師。沙囉巴及釋智皆將「主尊」譯為勝，以 mukhya 有「首領」義，亦有「最高」義，解為最高，故譯為「勝」，不當。

（二）第二句 gaṇeśa，可譯為「眾王」，實指天王；gaṇa-patir，則指天人及阿修羅眾之王，故可譯為「眾主」。本句與首句相連，即說妙吉祥既為聲聞導師，亦為菩薩主尊，且為諸天及阿修羅主。

（三）第三句 mahānubhāva，通途皆譯為「大威德」，藏譯則為 mthu chen（大威力）。沙囉巴乃依之譯為「大勢」。

藏譯其實尚有下文，即 mthu chen gces pa 始為一詞，直譯為「大威力愛惜」，此即以愛惜譯「德」，由是知沙譯之「大勢威崇重」十分不當。釋智譯為「執持愛護大靈驗」，應是將 mthu chen 誤譯為大靈驗。

（四）末句，沈衞榮校譯為「大理不為他所引」，與梵典藏譯皆貼切。

50 語王語主辯無礙　言說之主詞無邊[112]
以真實語說真實　是四聖諦宣說者

【梵校】

頌 50 梵文為：

vāgīśo vākpatir vāgmī vācas-patir ananta-gīḥ/
satyavāk satyavādī ca catuḥ-satyopadeśakaḥ//

[112] 此句梵文 vācas-patir ananta-gīḥ ，對譯為「言說 / 主 / 無邊 / 語」。沙囉巴譯「主宰無邊詞」最合。施護譯「無邊正語業」及釋智譯「句中自在句無邊」稍欠妥善。

【無畏譯記】

（一）本頌讚妙吉祥智慧勇識說法，此即與上頌言教導聲聞等義相應。故本頌當與說法之「四無礙」有關。

四無礙者，為法、義、詞、辯。

以此，首句 vāgmī 或當譯為「辯無礙」，不宜譯為「言辭巧」、「能言辭」，蓋字根 vāg 本有「辯」義。

（二）次句，ananta-gir，意為「無邊語」，當即指詞無礙。又，vācas-pati 應譯為「言說之主」，不能譯為「句中自在」。

（三）第三句說 satya-vāk（真實語），當為義無礙。

（四）末句謂宣說四諦，則當為法無礙。

依此理解，釋文即易斟酌。

51 以不退轉故不還[113]　麟角喻獨覺者師[114]
種種出離中出離[115]　大本有中唯一因[116]

【梵校】

頌 51 梵文為：

avaivarttiko hy anāgāmī khaḍgaḥ pratyeka-nāyakaḥ/
nānā-niryāṇa-niryāto mahā-bhūtaika-kāraṇaḥ//

[113] 此句梵文為 avaivarttiko hy anāgāmī（不退復不還）。anāgāmi 意譯「不還」，亦可譯作「阿那含」，即聲聞四果中第三果，其餘為須陀桓果、斯陀含果、及阿羅漢果。施護及沙囉巴譯「不退阿那含」，諸譯中較勝。

[114] 此句梵文 khadgaḥ pratyeka-nayakaḥ，對譯為「麟角喻／獨覺／師」。「麟角喻」見《阿毘達磨藏顯宗論卷》第十七（大正・卷 29，頁 857b18）：「然諸獨覺有二種殊：一者部行、二麟角喻。」諸漢譯皆譯失「麟角喻」此意。

[115] 此句梵文為 nānā-niryāṇa-niryāto，對譯為「種種／出離中／出離」。諸漢譯皆譯失此意。

[116] 此句梵文為 mahā-bhūtaika-kāraṇaḥ。諸譯本對梵文 bhūta 均有異譯。施護、及沙囉巴皆譯作「真實」，而釋智則譯作「諸大（種）」。蓋 bhūta 可解作「真實、有情、已生、元素（尤指五大）」等。

【無畏譯記】

（一）二藏譯本略有岐異，詳見沈衛榮校記。依馮偉強梵校作抉擇為妥。

（二）二藏譯首句皆作 phyir mi ldog pa phyir mi 'ong。是說「不還」與「不還果」。然梵本作 avaivartiko hy anāgāmī，義為不退復不還，此即謂不還果因不退而得不還。

不退有二。小乘以不再墮惡趣為不退，大乘則以不再墮二乘為不退。本頌當取義於後者。即不退轉者（此指妙吉祥）為獨覺之師。

（三）第三句梵典 nāna-niryāṇa niryoto 意為「出離種種出離」。施護及金總持完全不譯此句義。沙囉巴譯「雖種種出生」，釋智譯「種種決定出生中」，皆欠解。

（四）末句 mahā-bhūtaika kāraṇaḥ，逐字對譯可譯為「大種／生……一因」，意為「生起大種之一因」。釋智譯及藏譯皆取此義。

然若詳頌義，則實欠妥。蓋本頌實謂獨覺本不利生，然一得菩提心，即於有情利樂處無一不現，此即妙吉祥智慧勇識之教。故 bhūta 宜譯其另義，作「本有」（已生）解。諸漢譯皆失頌意。非如是解第四句則不能與第三句照應，蓋唯能於種種出離中出離而不專持獨覺，始能以菩提心為因，於廣大本有之情器世間作利益。

52 **阿羅漢漏盡比丘**[117] **離欲調伏諸根境**[118]
得安樂亦得無畏 **得清涼亦無垢濁**[119]

【梵校】

頌 52 梵文為：

arhan kṣīṇāsravo bhikṣur vita-rāgo jitendriyaḥ
kṣem-prāpto 'bhayaprāptaḥ śītībhūto hy anāvilaḥ//

[117] 此句梵文為 arhan kṣīṇāsravo bhikṣur。諸漢譯皆譯失 bhikṣu「比丘」一詞。

[118] 此句梵文為 vita-rāgo jitendriyaḥ。除釋智外，餘漢譯皆譯失 jita「調伏」一詞。

[119] 梵文 anāvila，傳統皆譯為「無垢濁」。金總持譯「無畏」及沙囉巴譯「無煩惱」不合。

【無畏譯記】

（一）次句漢譯作「根境」，合。梵 indriya，即指諸根所染境。藏譯無「境」義，或因音節限制故未譯，不必從之（參沈校）。

（二）第四句，二藏譯唯有少許差異。一作 rnyog pa med，意為「污染」；一作 gos pa med，意為「濁」。當從後者，此與梵典同。

53 **圓滿明行足**[120] **善逝世解勝**[121]
無我無我所[122] **安住二諦理**

【梵校】

頌 53 梵文為：

vidyācaraṇa-saṃpannaḥ sugato lokavit-paraḥ/
nir-mamo nir-ahaṃkāraḥ satya-dvaya-naye sthitaḥ//

120 此句梵文 vidyācaraṇa-saṃpannaḥ，對譯為「明行/圓滿」。此即為「明行足」。明行足：即三明、五行悉皆圓滿具足。三明指天眼明、宿命明、漏盡明；五行為經行、梵行、天行、嬰兒行、病行。釋智可能為了字數關係，將其添字譯為「明解及與於神足」。

121 此句梵文 sugato lokavit-paraḥ，對譯為「善逝 / 世間解 / 最勝」。施護及沙囉巴譯為「善逝世間解」，亦可能字數關係，未譯 para「最勝」一詞。

122 此句梵文 nir-mamo nir-ahaṃkāraḥ，對譯為「無我所 / 無我見」。諸漢譯皆譯失此無二取之意。

【無畏譯記】

（一）釋智為湊滿字數，首句譯「明解及與於神足」，將「明行足」一詞分裂過甚。此即譯頌之難處。

本頌以沙囉巴譯最勝。今從之，唯第三句須改譯，以原典 nir-mama，即為「無我所」，沙闕譯。

54 **已到輪迴彼岸邊**[123] **所作成辦住於岸**[124]
唯一智中所浮現[125] **以般若器作斷除**

【梵校】

頌 54 梵文為：

saṃsāra-pāra-koṭi-sthaḥ kṛta-kṛtyaḥ sthale sthitaḥ/
kaivalya-jñāna-niṣṭhyūtaḥ prajñāśastro vidāranaḥ//

123 此句梵文 saṃsāra-pāra-koṭi sthaḥ，對譯為「輪迴／彼岸／邊／已到」。諸漢譯以釋智譯「能到輪迴之彼岸」最合梵意，唯其未譯 koṭi「邊」此詞。餘漢譯則未譯 pāra「彼岸」，及將 stha「已到」譯為「出度」、「遠離」、「超出」等，皆誤。

124 除釋智外，餘漢譯則未譯 sthale sthita「住於岸」一詞。

125 梵文 niṣṭhyūta，釋智將此譯作「出現」，合法義。而施護及沙囉巴譯為「所生」，則不合，以「唯一智」實無能生所生。

【無畏譯記】

（一）第一句，梵 koṭi，意為「邊」，諸漢譯未譯此詞。

（二）第二句，梵 sthita，意為「住高地」、「住乾地」、「住陸地」，漢譯唯釋智譯出此詞，譯作「住露地」。然 sthala 又可解作「岸」，故不妨仍用「岸」義。

（三）第三句，梵 niṣṭhyūta，可譯為「浮現」，此與藏譯 nges 'byung ba 合。漢譯或譯為「生」，或譯「出現」，以後者為合。

此句頌文宜參考妙吉祥友尊者疏，彼云：作全面觀察，了悟我等乃於一因而作顯現，即是「唯一智中所浮現」。此即說如來藏，周遍一切界之識境皆自智境中自顯現，此智境即是法身、即如來藏。

55 妙法之具明法王[126]　　能照世間故最勝[127]
法之自在法之王　　是妙善道宣說者[128]

【梵校】

頌 55 梵文為：

sad-dharmo dharma-rāḍ bhāsvāṃ lokālokakaraḥ paraḥ/
dharmeśvaro dharmarājā śreyo-mārgo-padeśakaḥ//

[126] 此句梵文 sad-dharmo dharma-rāḍ bhāsvāṃ，對譯為「妙法／法王／具明亮」。句末 bhāsvāṃ 形容「法王」發光而具明亮。沙囉巴譯「正法法王光」及釋智譯「法王妙法具顯現」稍欠準確。

[127] 除釋智外，餘漢譯則未譯 paraḥ「最勝」一詞。

[128] 梵文 śreyomārga，一般均將 śreyas 譯為「最勝」，故施護及沙囉巴譯從之。然此實只用來指世間的幸福，所以跟 para 的「最勝」不同。連結 mārga（聖道），是兼世間與出世間的「最勝」，諸漢譯都未譯出這種意趣。

【無畏譯記】

（一）第一句 bhāsvat 明亮，形容「法王」，故不能說為「法王光」(沙譯)。釋智用此字解為「顯現」，於是譯為「法王妙法具顯現」，全部語法與梵典不合。藏譯 gsal ba 亦可解為「顯現」，唯 gsal 實有「明照」義。

（二）末句，沙囉巴譯「宣說最勝道」，是將 śreyomārga 譯為「最勝道」。然此字非唯說最勝佛道，實兼世間而說，故宜譯為「妙善道」。釋智譯「能演妙道令宣說」，雖譯出「妙道」，但添一「令」字，即不詞，且亦有「世間」之意味。

56 **義成就及願成就　　一切分別盡捨離**[129]
無分別界無窮盡[130]　**勝妙法界無有盡**[131]

【梵校】

頌 56 梵文為：

siddhārthaḥ siddha-saṃkalpaḥ sarva-saṃkalpa-varjitaḥ/
nir-vikalpo 'ksayo dhātur dharma-dhātuḥ paro 'vyayaḥ//

[129] 此二句梵文為 siddhārthaḥ siddha-saṃkalpaḥ / sarva-saṃkalpa-varjitaḥ。首句說二種成就：siddhārtha（義成就）及 siddha-saṃkalpa（分別成就）。此句諸漢譯皆未明確譯出此二種成就。施護及釋智將 saṃkalpa 譯為「分別」及「誓願」。saṃkalpa 意為「分別」、「思維」、「願」等。故釋智譯為「誓願」。第二句則能得二種成就，故「一切分別都能捨離」。此句之 saṃkalpa 譯為「分別」則毫無疑問。

[130] 此句梵文 nir-vikalpo 'ksayo dhātur，對譯為「無分別 / 無盡 / 界」。但施護譯「彼分別界盡」、金總持譯「盡諸衆生界」及沙囉巴譯「分別界無盡」都不合梵意。

[131] 此句梵文dharma-dhātuḥ paro 'vyayaḥ，對譯為「法界 / 勝妙 / 無盡」。釋智譯「勝妙法界極無盡」最合梵意。但施護譯「顯最上法界」及沙囉巴譯「顯微妙法界」，則未譯 avyaya（無盡）一詞。

【無畏譯記】

（一）首句梵典有 saṃkalpa 一詞，可解「分別」，亦可解作「思維」。藏譯一作 bsam pa，取思維義，另一作 kun rtog ni，取分別義。

於第二句，又出 saṃkalpa 一詞，則二藏譯皆譯為 kun tu rtog pa，是取其為「分別」。

漢譯於此兩句譯得相當混亂，或失譯第一句此詞，或譯為「分別成就義」，則完全誤解。釋智譯為「有義成就滿誓願」，與二藏譯皆不合，但梵 saṃkalpa 又確有「所願」之意，而且可能正是梵頌原意，反而是藏譯失誤。佛發大誓句（願），比「思維」或「分別」都恰當。

月官於相應處釋為「利他」，是亦宜解此為發願。

（二）釋智將第二句 saṃkalpa 譯為「虛妄」，於是連第三句的 nir-vikalpa（離分別）都譯為「離虛妄」，不是錯譯，而是將虛妄與分別看成是同義詞。

（三）末句 avyaya 意為「無盡」，亦意為「不變」，宜依前義與前句關合。

57 具福得積福資糧　　智為大智之生處[132]
唯知有無之智者[133]　　是能積集二資糧[134]

【梵校】

頌 57 梵文為：

puṇyavān puṇyāsaṃbhāro jñānaṃ jñānākaraṃ mahat/
jñānavān sad-asaj-jñānī saṃbhāra-dvaya-saṃbhṛtaḥ//

[132] 此二句梵文 puṇyavan puṇyāsaṃbhāro jñānaṃ jñānākaro mahat，意為：唯具福才能積聚福資糧，具智才能生起大智。沙囉巴譯「具福修福聚，智慧出大智」，合梵意，餘譯則不合。

[133] 此句梵文 jñānavān sad-asadj- jñānī，直譯為「了知有與無之智」。諸漢譯皆不合梵意。例如，施護譯為「當起正智想」而沙囉巴譯為「正智了無有」。

[134] 此句梵文 saṃbhāra-dvaya-saṃbhṛtaḥ，意云「積集二資糧」。此非如沙囉巴所譯「修集二資糧」。而施護譯「二法從是生」及釋智譯「無二種中而積集」皆未合梵典。金總持譯則似完全另作。

【無畏譯記】

（一）本頌諸漢譯都令人失望。施護及金總持譯都等如另作，釋智譯因添字而成誤導，末句更將「二」誤譯為「無二」。唯沙囉巴譯差強人意。

（二）本頌說積集二資糧與下頌說觀修，分別說行持與修持之究竟現證，沙囉巴譯之「修集二資糧」可能即企圖表明這點。

（三）頌文前二句，實云：具福始能積集福資糧、具智始能積集智資糧。後二句則進一步說，唯具了知有無之智，始能同時積集二資糧。此應於譯時注意。

58 **常住遍勝觀行者**[135] **定中所觀具智尊**[136]
內自證智不變動[137] **本初最勝持三身**[138]

【梵校】

頌 58 梵文為：

śāśvato viśvarāḍ yogī dhyānaṃ dheyo dhiyāṃ patiḥ/
pratyātma-vedyo hy acalaḥ paramādyas trikāyadhṛk//

[135] 梵文 śāśvato viśvarāḍ，對譯為「常住／遍一切勝」。釋智譯為「諸常見中勝禪定」，將如來法身之「常住」誤譯為「諸常見」。

[136] 此句梵文dhyānaṃ dheyo dhiyāṃ patiḥ，對譯為「禪定／所觀／具智主」。而金總持與沙囉巴則譯為「禪定意微妙」，與梵意不符。釋智譯為「誓修靜慮是智王」則似是而非。

[137] 梵文 pratyātma-vedyo，解為「內自證之覺受」。漢譯將其譯為「示身相」或「自解各各」，誤。

[138] 梵文 paramādyas，直譯為「最勝本初」。將其譯為「勝根本」或「最上勝者」，不合梵意。

【無畏譯記】

（一）第一句，梵 yogī，應從藏譯 rnal 'byor（觀行者）。漢譯於此多譯「相應」，唯釋智譯為「勝禪定」，似皆欠妥。至於全句，梵典原意為「觀常住遍勝之觀行者」，釋智譯為「諸常見中勝禪定」，將常住變為常見，可謂大誤。

「常住遍勝」指如來法身，以法身恆常且遍勝故。

（二）第二句，沙囉巴譯為「禪定意微妙」；釋智譯為「晢修靜慮是智王」，皆欠妥。依梵典，可譯長行為——「禪定中所觀者為具智主」，此「具智主」即觀修之所緣，亦即觀修之本尊。（與第一句聯繫，即指「常住遍勝」之本尊。）

（三）第三句，漢譯皆失。梵 pratyātma-vedya，釋智譯為「自解各各」，餘譯則譯為「身相」，實際此詞宜從藏譯 so so rang rig mi，意為「內自證」。此謂如來法身（具智主）即佛內自證智，由此智境有報身、化身自顯現，故末句即說「持三身」。

（四）第四句，梵 paramādya，藏譯 mchog gi dang po（本初 / 最勝）與梵典完全吻合，唯漢譯譯為「勝根本」，則含混。釋智譯為「最上勝者」，更連「本初」亦未譯。

（五）謂「本初最勝持三身」，即如上言，佛內自證智境即法身（故說為「本初最勝」）。持三身義，於上來已說。

本頌正說如來藏義。下頌說如來藏之自顯現（智法身示現為五報身佛）。

59 佛陀五身性[139] 遍主五智性[140]
頂冠五覺性[141] 五眼持無著[142]

【梵校】

頌 59 梵文為：

pañca-kayātmako buddhaḥ pañca-jñānātmako vibuḥ/
pañca-buddhātma-makuṭaḥ pañca-cakṣur asaṅga-dhṛk//

[139] 頌中之「性」一詞，梵文為 ātma。

[140] 梵文vibhu，於此處譯作「遍主」，而非如施護所譯之「大自在」或沙囉巴所譯之「周遍」。

[141] 此句梵文pañca-buddhātma-makutaḥ，直譯為「五佛性頭冠」。諸漢譯不合梵意。例如，施護譯為「五佛冠妙嚴」；沙囉巴譯為「五佛嚴寶冠」。

[142] 梵文asaṅgadhṛk，直譯為「持無著」，而非如施護、沙囉巴所譯之「淨無著」或釋智所譯之「離執著」。

【無畏譯記】

（一）本頌漢譯，以釋智譯為佳。沙囉巴反而譯錯一個詞，將藏譯 khyab bdag 誤讀為 khyab，故將「遍主」誤譯為「周遍」，譯漏了一個 bdag（主）。不過釋智要添足字數，有時反而失譯頌意。例如第三句，梵頌意為「頂冠五覺性」，釋智譯為「首冠莊嚴五覺性」，令人容易誤解為「莊嚴的五覺性」，或「以五覺性裝飾的首冠」。

（二）末句，頌文說「五眼」為 asaṅga，此詞即無著論師之名，故施護及沙囉巴皆譯此句為「五眼淨無著」，釋智則譯為「持五種眼離執著」，比較起來，釋智明顯誤譯，因為「無著」只是「無所著」，雖然在偶然的情況下可解為「無執著」，但顯然不合頌義。大中觀家說五眼，認為彼此德性平等，僅為不同顯現，故說為「無著」，此即不著於一德性之謂，是即與通常所謂「執著」無關。

五佛攝五眼，毘盧遮那佛為法眼；不動佛為佛眼；阿彌陀佛為慧眼；寶生佛為天眼；不空成就佛為內眼。如非彼此德性平等，是即諸佛不平等。

又，五佛攝五身，亦皆平等。毘盧遮那佛為法身、不動佛為自性身、阿彌陀佛為報身、寶生佛為異熟身、不空成就佛為化身。

本頌說清淨自顯現已，下來即解釋「自顯現」有無「生處」。

60 **一切諸佛之生者**[143]　　**無上尊勝諸佛子**
無生處而智出有[144]　　**離三有者法生處**[145]

【梵校】

頌 60 梵文為：

janakaḥ sarva-buddhānāṃ buddha-putraḥ paro varaḥ/
prajñā-bhavodbhavo 'yonir dharmayonir bhavāntakṛt//

143 梵文 janaka，直譯為「生者」。漢譯作「增長」，誤。

144 此句梵文 prajñā-bhavodbhavo 'yonir，對譯為「般若出有 / 無生處」。但另有梵文版本將'yonir（無生處）寫為 yonir（生處），意則完全相反。故沙囉巴從前者譯為「智不生三有」，而釋智則從後者譯為「勝處出有出生處」。

145 此句梵文dharmayonir bhavāntakṛt，對譯為「法之生處 / 離〔三〕有」。但施護譯「正法中所作」；金總持譯「能斷諸輪轉」及沙囉巴譯「法能斷輪迴」，都與梵典原意相違。

【無畏譯記】

（一）頌文第三句，岐異甚大。

藏譯，一作 shes pas srid ’byung skye gnas med；另一則少了一個 med 字，於是意思截然相反。前者是「無生處」，後者是「有生處」。

漢譯情形正同，沙囉巴譯「智不生三有」，同藏譯前者；釋智譯「勝處出有出生處」，則同藏譯後者（無 med 字）。

考妙吉祥友疏及月官釋，皆依「無生處」而疏釋，故當以有 med 字句為正，此應為梵文原貌。（近人羅馬體梵本亦有此岐異，實質無非是 ’yonir 與 yonir 的分別，少了一個 ’ 號，意思立刻相反。即梵文悉曇字亦類是，這就是易生岐誤的原因。）

（二）有生處與無生處的問題，值得討論。

本頌先言如來法身（妙吉祥智慧勇識）為一切佛之「生者」，此理於第 58 頌已說。繼言如來法身示現為妙吉祥菩薩（不復名為妙吉祥智慧勇識，此見於第 10 頌），菩薩由諸佛生，所以又是諸佛的「尊勝法子」。

頌文第三句，是解答上述情況的一個問題：法身離諸因緣，何得又稱菩薩為「尊勝法子」？若這樣說時，便等如說法身要落緣起，然後才能成「生處」生起菩薩，這便跟法身的定義矛盾。

頌文第三句回答言：由智境現而為有（智出有），不能說智境是「生處」，所以三有諸法雖於智境中自顯現（包括顯現為菩薩），法身依然是「無生處」。

由此回答又引起另一問題：法身若於三有為無生，但於識境中卻見有實事（法），此豈非矛盾？

第四頌即回答這個問題：「法之生處」（實事的生處）非獨為法身，而是法身與法身功德的雙運，亦即般若與方便無二（雙運），故一切法即可於此雙運境中，藉雙運的大悲（生機）隨緣生起，故此諸法生處，實依「無生處」（雙運境界）而現（無生而現），因此無有矛盾。

上來討論，即討論如來藏，可參考 58 頌及有關餘處（如第 4 頌說「智慧方便之大悲」等）。

下頌更為上來所說決疑。

61 **唯一不壞金剛性**[146]　**即生即作世間主**[147]
虛空中生自然生[148]　**大般若智如大火**

【梵校】

頌 61 梵文為：

ghanaika-sāro vajrātmā sadyo-jāto jagat-patiḥ/
gaganodbhavaḥ svayaṃbhūḥ prajñā-jñānānalo mahān//

146 梵文 ghanaika，釋智譯為「獨一堅固」，eka 於此頌宜應譯為「唯一」較佳，以此「唯一」乃形容佛法身境界。

147 梵文 sadyo-jāta，解作「即生」。諸漢譯皆譯失此意。此實有深意。妙吉祥友釋此謂：「以其如吽字般生起，故謂即生」。此即合《甯瑪派次第禪》一書中，於丙二〈總歸本始基為唯一自生智〉一文中，提及殊勝大腹金剛唱頌「吽之歌」，揭示輪湼為空性之自顯現。

148 此句梵文 gaganodbhavaḥ svayaṃbhūḥ，直譯為「虛空中生自顯現」。釋智譯為「現空性中自超出」，這是用「超出」來表示「顯現」。

【無畏譯記】

（一）諸佛內自證智，說為「不壞」、「唯一」之「金剛性」。前句頌文即對此作討論。沙囉巴譯此為「金剛一實性」，乃因受字數限制而勉強意譯。此已較金總持譯為「金剛堅固身」優勝許多。釋智譯為「獨一堅固金剛性」，將「唯一」譯成「獨一」，亦易誤導。

強調「唯一」，即謂智境中雖有一切諸法自顯現，顯現為多，然而佛內自證智境則「唯一」。並非有一有情成佛，智境即有所增，以成佛非為個體故；成佛亦非新得，故智境不能為多。

說為「堅固」，以其可說為空性故，如虛空不可壞。

說佛內自證智為「金剛性」，即說其具八金剛自性，即七種不壞金剛法。依摧魔洲（Dudjom Lingpa）《淨治明相》（*sNang sbyang*），其為：無瑕、無壞、無虛、無染、無動、無礙、無能勝。加空性即為八。

（二）頌文第二句，梵 jagat，意為「世間」。藏譯同。唯漢譯則作「有情」。

頌文謂佛內自證智即生即作世間主，此即以其為唯一之故。無論任何有情成佛，於證此金剛性智境之同時，無間而起後得智（於後得智中即有識境自顯現），故無間而為世間主。

此即承接上頌廣說如來藏。上頌以如來法身示現為菩薩以明如來藏，今則以周遍一切界之情器世間說明。

（三）頌文第三、四句，說佛內自證智為自然智（故離戲論、離作意、離因緣而轉起）。以其現證一切法無生，故名為「大般若智火」，以斷除一切分別，即如火燒柴薪。

62 遍照大光明　　智光遍照耀[149]
智炬世間燈　　大威光燦爛

【梵校】

頌 62 梵文為：

vairocano mahā-dīptir jñāna-jyotir virocanaḥ/
jagat-pradīpo jñānolko mahā-tejāḥ prabhāsvaraḥ//

[149] 梵文 vairocana，意即「普照」，非如漢譯譯作「熾盛」、「令顯現」。

【無畏譯記】

（一）本頌承上「大般若智如大火」而說，故以「毘盧遮那大光明」而說，以此即謂智火光明。

於此處，vairocana 宜意譯為「遍照」，以此非說佛名號故。

（二）諸漢譯中以沙囉巴譯為佳。釋智將「智光遍照耀」譯為「以智慧明令顯現」，誤在將無作意變為有作意，如是智境即變為識境，無為即變為有為。如是即成大誤。

63 **明王尊勝密咒主**[150] **密咒王作大義利**

希有頂髻大頂髻[151] **虛空主現種種相**[152]

【梵校】

頌 63 梵文為：

vidyā-rājo 'gra-mantreśo mantra-rājā mahārtha-kṛt/
mahoṣṇīṣo 'dbhutoṣṇīṣo viśvadarśī viyat-patiḥ//

[150] 此句梵文 vidya-rājo 'gra-mantreśo，對譯為「明王／最上／密咒主」。釋智譯 vidya-rāja 為「明咒王」，誤。而金總持及沙囉巴譯 mantreśa 為「大神咒」，亦誤。

[151] 此句梵文 mahoṣṇīṣo 'dbhutoṣṇīṣo，直譯為「大頂髻希有頂髻」，而非如釋智譯為「具大肉髻希有頂」，將「髻」與「頂」分別。

[152] 梵文為 viśvadarśī。viśva 可解作「每一個」、「一切」，而 darśana 可解作「見」、「可看到」。此即指法身功德周遍一切而自顯現，故現為種種相。釋智譯作「大虛空主說種種」，違反梵典原意。

【無畏譯記】

（一）梵典首句 vidyā-rajo，釋智譯為「明咒王」，餘皆譯為「明王」。二者之差異可引出別義。

明王為如來內自證智所顯身，現忿怒相。但「明咒王」與「密咒主」相貫而言，意思十分含混。

（二）藏譯亦有此歧異，一本作 rig pa'i rgyal（明王）；一本作 rigs sngags rgyal（明咒王）。此歧異亦緣於譯師對 vidyā-raja 一詞的理解而來。若將 vidyā 解為「明咒」，自然加一 sngags（咒）字。

（三）頌文第三句，梵典作 mahoṣṇīṣo 'dbhutoṣṇīṣo（大頂髻希有頂髻），本無將「大頂髻」與「希有頂髻」分而為二之意，故沙囉巴譯為「大頂希有頂」即合。釋智譯為「具大肉髻希有頂」，是因欲修飾文字而將「髻」與「頂」分立，如是即失「頂髻」為「一字轉輪」之義。

（四）末句，釋智譯為「說種種」，大誤。非「說」而是「現」。如是始明如來藏義。

64 **諸佛我性最勝有**[153] **〔觀照〕世間歡喜眼**
由是隨現種種色[154] **大仙供養且尊重**[155]

【梵校】

頌 64 梵文為：

sarva-buddhātma-bhavāgryo jagad-ānanda-locanaḥ/
viśva-rūpī vidhātā ca pūjyo mānyo mahāṛṣiḥ//

[153] 此即指如來藏常樂我淨之我性。梵文為 sarva-buddhātma-bhavāgryo。但施護及沙囉巴皆譯作「諸佛無我性」，與文義相反。Davidson未有註釋此句有另一梵文版本，故可認為誤譯。

[154] 此句梵文為 viśva rūpī vidhātā。vidhā 可解作「分發」、「分配」。以一切法隨緣而現，故宜譯為「隨現」。又，rūpa 應譯作「色」，釋智譯作「相」，誤。

[155] 梵文 mānya（受尊重），諸漢譯譯失此詞。

【無畏譯記】

（一）經中本段說清淨法界智，即說如來藏。故上頌讚智慧勇識為「明王」、「密咒主」、「頂髻」（一字轉輪王），隨即讚其能「隨現種種色」，即讚法身功德之大悲（生機）。本頌即承此而說種種有法為「諸佛我性」，是即具周遍一切界之「佛性」而成「有」，故曰「最勝有」。

故施護譯為「諸佛無我性」，誤。沙囉巴亦同此誤。疑為梵本誤刊。

「諸佛我性」常受人質疑，乃緣不知所說為智境故。

（二）第三句，梵典 rūpa，意為「色」，即物質。施護及沙囉巴不誤，釋智譯為「相」，誤。蓋上頌已說「虛空主現種種相」，本頌即不重言，而說「隨現種種色」，隨現（vidhā）者，隨世間所能現而現，故非為「相」而應為「色」。如吾人器世間，能現為多少種元素便是多少種元素。於另世間，其元素必不同吾人世間。「隨現」一詞，為馮偉強校勘梵文時所訂定，甚佳。以其為隨現故，始能與上句「世間歡喜眼」相應。蓋「隨現」為平等顯現（不平等即不能「隨」），故即持平等性以觀照一切世間（是即名為「歡喜眼」）是即由平等觀照而平等顯現。如來藏為「清淨大平等性」，本頌即出此義

（三）末句，謂既有種種色顯現，「大仙」（賢者，哲人）即對此識境作供養。此謂諸外道所持者全為識境（非智識雙運境界）。

65 **具持密咒三種姓**[156] **受持大誓句密咒**[157]
護持三寶為最勝[158] **最上三乘說法者**

【梵校】

頌 65 梵文為：

kula-traya-dharo mantrī mahā-samaya-mantra-dhṛk/
ranta-traya-dharaḥ śreṣṭhas tri-yānottama-deśakaḥ//

156 此句梵文 kula-traya-dharo mantrī，說「三種姓」持密咒，諸漢譯譯作「三密咒」，誤。

157 此句梵文 mahā-samaya-mantra-dhṛk，對譯為「大誓句密咒／持」。諸漢譯譯失此義。

158 此句梵文 ranta-traya-dharaḥ śreṣṭhas，對譯為「三寶護持／最勝」。但金總持譯「三寶最殊勝」、沙囉巴譯「最上三寶尊」及釋智譯「尊者守護三寶故」都不合梵意。

【無畏譯記】

（一）梵典首句 kula-traya-dharo-mantrī，漢譯皆譯為持「三部密咒」，或「三種密咒」，誤。此處之 kula-traya，即第23頌所說之「三種姓」。亦即如來部、金剛部、蓮花部種姓。故妙吉祥友疏，謂此句頌文之義為：「以其具如來、金剛、蓮花三種自性與我性」，故云。（第23頌梵文亦用 kula-traya 一詞）。如是，此處 dhara 之「持」，乃「具持」之意。

（二）梵典次句 dhṛk 一詞，亦可譯為「持」，其意為保持，故應譯為「受持」。

第三句 dhara，義為「護持」。

（三）如上說，第二句頌文應譯為「受持大誓句密咒」，漢譯皆失此義。佛以大悲為誓句，故此即承上頌而言，既以如來功德有種種世間自顯現，密咒即具此義理，是即為大誓句密咒。再回視第一句，則自然知道，此乃說「具持密咒三種姓」。連二句言，此即謂持密咒之三種姓皆受持大誓句密咒。漢譯皆失此兩句本意。

（四）此品說六種姓之「三〔觀修〕種姓」，以此為應機。

66 不空罥索能勝伏[159]　金剛罥索大攝受
金剛鉄鈎大罥索

上來清淨法界智二十五頌，
〔其中一頌〕四分一缺。

// su-viśuddha-dharma-dhātu-jñāna-gāthāḥ pādona-pañca-viṃśatiḥ //

四　大圓鏡智

怖畏金剛能怖畏[160]

【梵校】

頌 66 梵文為：

amogha-pāśo vijayī vajrapāśo mahā-grahaḥ/
vajrāṇkuśo mahā-pāśo

餘一句梵文為：
vajra-bhairava-bhīkaraḥ

159 梵文vijaya，應譯作「勝伏」。但諸漢譯皆譯作「勝」。

160 Davidson 所訂梵文本，不將此句歸於 66 頌。與本頌後記之梵文 pādona「四分一缺」合。而漢譯則不見 pādona 之對譯，唯沙囉巴譯作「令三句」，意與梵典合。

【無畏譯記】

（一）本頌承上頌護持意，說三金剛守護，即不空罥索（amogha-pāśa）、金剛罥索（vajra-pāśa）及金剛鐵鈎（vajrāṅkuśa）。

（二）第二句，graha，應譯為「攝受」，譯「執持」，不妥。

（三）梵典及藏譯，以及沙囉巴與釋智之漢譯，本頌皆只三句。此乃將 vajra-bhairava-bhikaraḥ 一句歸於下一品。故於本頌後記云：「清淨法界智二十五頌，〔其中一頌〕四分一缺。」沙囉巴則作：「以上毘盧遮那佛曼荼囉讚清淨法界智一百八名，計二十四頌，令（另）三句。」

按此乃緣於梵典本不分品，因此由本頌第四句起，即說大圓鏡智之觀修壇城。其後既分品，則此一句唯有孤零零作為下一品的開始，於是本頌便只得三句。藏譯及沙囉巴與釋智二譯皆如是，今從之。

（四）餘一句，怖畏金剛為妙吉祥智慧勇識之忿怒相，即大威德金剛（yamantaka），意譯為「閻王敵」，即謂其能調伏死魔。

67 六面怖畏忿怒王　　六眼六臂皆具力
張牙露齒佩髗鬘　　訶羅訶羅毒百面[161]

【梵校】

頌 67 梵文為：

krodharāṭ ṣaṇmukho bhīmaḥ ṣaḍ-netrah ṣaḍbhujo balī/
daṃṣṭrā-karāla-kaṅkālo halāhala-śatānanaḥ

[161] 梵文 halāhala，可解作「訶羅訶羅毒」。金總持及沙囉巴將其譯為「大笑相」。

【無畏譯記】

（一）本頌承接「怖畏金剛能怖畏」一句，說怖畏相。

第一句施護譯「金剛阿閦佛，即大圓鏡智」。此不見於梵典及藏譯。然修生起次第者，謂修大圓鏡智用阿閦佛（不動佛）壇城，故疑此乃施護對筆受者之解說，而筆受者則誤此為頌文。施護譯經一百餘種，多誤譯，疑即為筆受者所誤。

（二）第三句 kaṅkala，藏譯為 keng rus，乃是意譯。沙囉巴及釋智譯「骨相」，想是據藏譯而繙。kaṅkalo 即忿怒尊所配之髑髏鬘，又稱為髗鬘，具過去、現在、未來三種髗骨，示三時無分別。

（三）末句 halāhala，為忿怒尊笑聲，但此字又專指一種劇毒，故為一字雙關。一謂 halā-hala 為一種赤蛇，具有百足，故即謂蛇之百足具有百眼，蛇纏忿怒尊臂上，故即尊身有如具有百眼，由是說為 śatānana（百面）。月官釋，謂本頌說二壇城，即六面童子與百面妙吉祥二忿怒尊壇城。此為特說。

依通途修生起次第的說法，則此句指本尊眷屬，「毒百面」即一百眾，彼等發 halāhala 笑聲。亦即，本頌前三句說本尊，後一句說眷屬。

68 **閻鬘德迦障礙王**[162] **具金剛力怖畏相**
金剛名稱金剛心[163] **幻化金剛具大腹**

【梵校】

頌 68 梵文為：

yamāntako vighna-rāḍ vajravego bhayaṃ-karaḥ/
vighuṣṭa-vajro hṛd-vajro māyā-vajro mahodaraḥ//

162 梵文為 vighna-rāḍ，直譯為「障礙王」。諸漢譯譯失此詞。釋智譯為「魔中王」，乃誤。

163 梵文 hṛd，一般指「心要」，與 citta「心」有所區別。

【無畏譯記】

（一）頌文首句梵典作 yamāntako vighna-rāḍ。於 yamāntaka，唯釋智意譯為「獄王主」，按，此尊能調伏死主（地獄主、閻魔）故又名「閻魔敵」（閻魔的對頭），釋智故如是譯。通常音譯。

vighna-rāḍ，應譯「障礙王」。妙吉祥友尊者疏，謂此意為「一切障礙之所有主」。即依如來藏義，謂一切識境皆依智境生起。

（二）第三句，vighuṣṭa-vajra，沙囉巴譯為「金剛稱」；於釋智譯為「名稱金剛」。妙吉祥友謂此尊了知三世間（地上、地、地下）名稱，故得此名。此即謂其了知識境（世間）。hṛd-vajra，譯言「金剛心」，此即為智。本句即言智識雙運。亦喻言六種姓之「世間出世間種姓」。

69 **金剛生處金剛主**[164] **金剛心髓如虛空**[165]
不動一髻具傲慢[166] **所著大象生皮衣**

【梵校】

頌 69 梵文為：

kuliśeśo vajra-yonir vajramaṇḍo nabhopamaḥ/
acalaika-jaṭāṭopo gaja-carma-paṭārdra-dhṛk//

[164] 梵文 vajra-yonir，即「金剛生處」。此「生」實有自然而生之意（見頌 61）。漢譯將其譯作有「能生」之意，誤。

[165] 梵文 maṇḍa，此字可解作「場、座」，或「精華」。一為有相，一為無相。故施護譯為「場」，而釋智譯為「心」（髓）。而於此句，實宜取後者，以句末說此 vajra-maṇḍa 如虛空。

[166] 梵文為 āṭopa（傲慢），諸漢譯譯失此詞。

【無畏譯記】

（一）首句，藏譯有歧異。一作 skyes gnas（出生處）、一作 las skyes（自……出生）。梵本與前者同。依法義抉擇亦應從梵本。「金剛生處」，依妙吉祥友疏，謂指「不動法生處」。一切法為智境中自顯現，亦從未離開過智境，此為識境之不動，故此諸法生處即是金剛生處，意為不動生處。本尊即為此生處主。此義自較謂本尊於金剛中出生為深要。

沙囉巴譯為「金剛主能生」，即依上來所說意譯。但卻變成是說金剛主生起諸法。釋智譯「金剛中生金剛主」，足見其為依從藏譯而非梵文原典。

又，月官釋此句云：「於空性中遊戲空性」，亦釋「金剛生處金剛主」，而非釋「金剛主自金剛生」，或「金剛中生金剛主」。何以故？蓋金剛生處即空性，金剛主即謂其遊戲空性是故為主。倘釋文乃釋「自金剛中生」即為不詞。

此歧異關係法義甚大，故略說如上。

（二）第二句，梵 vajra-maṇḍa，此中 maṇḍa 可解為「精華」（如酒精之精），故有意譯為「心」者，指心髓（一如精粹）；但此字又可另解為場所、為座（如蓮花座之座），故施護譯梵典此詞為「金剛場」，釋智則譯為「金剛心」。最特別的是沙囉巴，釋為「金剛藏」，與梵典不合，但藏譯 rdo rje'i snying po 一詞，此中 snying po 可譯為「藏」，亦可譯為「心髓」，以心髓即為藏的同義詞。藏譯 snying po 即據梵典原文 maṇḍa 之「心」義而譯。今譯不取「場」義，從藏譯取「心」義，此謂金剛心髓具大空性。

70 發哈哈聲大肉緊[167] 發嘻嘻聲嚴畏相
發哄笑聲發大笑[168] 金剛笑聲大雷音[169]

【梵校】

頌 70 梵文為：

hāhākāro mahā-ghoro hīhīkāro bhayānakaḥ/
aṭṭahāso mahāhāso vajrahāso mahāravaḥ//

167 梵文 mahā-ghora，意為「大敬畏」，不宜如漢譯將其譯為「大惡」。

168 梵文 aṭṭā-hāsa，直譯為「哄笑」。釋智譯為「響笑」亦可。

169 梵文 rava，意為「聲響」、「雷鳴」，即自然而然之高聲，此非如釋智所譯之「哮吼」聲。

【無畏譯記】

（一）本頌首句，藏譯一作 grags chen，意為「大逾份」，一作 drag chen，意為「大猛厲」。疑 grags 為誤刊。否則即意譯「惡」（ghora）為「逾份」。

（二）ha-ha-kāra，釋智為了添字，將 kāra 譯為「咆哮」，不當。因 kāra 之為「聲音」，實原為讚歌之聲音，不宜將之醜化。藏密所傳，忿怒尊九相中，發 ha-ha，hi-hi 聲為「嬉笑」相，當留意及此。下云，mahā-ghora，其 ghora 意為令人敬畏，亦不宜譯為凶惡。釋智譯為「大緊」，仍用宋人口語之「緊」，甚合，因此 ghora 正為粵語之「肉緊」義，此殆南宋時中原人士南移時輸入之口語。

（三）次句 bhayānaka，意為「無形之可畏相」，即不怒而威，諸譯似皆未留意此義，然此義恰與上來所說之嬉笑相關合。

（四）末第三句，梵 aṭṭā-hāsa，依馮偉強校，應譯為「哄笑」。

（五）末句，梵 mahā-rava，雖可譯為「大咆哮」，但 rava 原意只為高聲，如唱歌之高音，故又引伸為「雷鳴」。此處仍不宜取「咆哮」。

又，金剛笑（Vajra-hāsa）為菩薩名號。不能改譯他詞。

71 **金剛薩埵大薩埵　　金剛王者具大樂**[170]
金剛暴惡大歡喜[171]　**金剛吽聲作吽吼**

【梵校】

頌 71 梵文為：

vajrasattvo mahāsattvo vajrarājo mahāsukhaḥ/
vajracaṇḍo mahāmodo vajra-hūṃkāra-hūṃkṛtiḥ//

[170] 梵文 mahā-sukha，即大樂，此即生機之樂，而非世俗之「大安樂」。

[171] 梵文 vajra-caṇḍa，直譯為「金剛暴惡」。漢譯譯作「金剛相」或「金剛堅」，皆誤。

【無畏譯記】

（一）本頌藏譯有岐異，漢譯岐異更多，而二藏譯及四漢譯亦無法彼此相應，可謂情況混亂。唯有依梵文原典及所具法義譯出。

（二）本頌出四金剛菩薩：金剛薩埵（Vajra-sattva）、金剛王（Vajra-rāja）、金剛暴惡（Vajra-caṇḍa）、金剛吽迦羅（Vajra-hūṃkāra，意譯「金剛吽聲」）。

此金剛薩埵不等同金剛智慧勇識，為不動佛四親近菩薩之首，表徵一切有情本初清淨菩提心。

金剛王，即金剛藏，為不動佛四親近菩薩之第二位，表徵自利利他無礙自在，故具大樂。

金剛暴惡，即金剛藥叉，為不空成就佛四親近菩薩之第三位。表徵噉食一切有情之煩惱惑業，故得歡喜。

金剛吽迦羅，又名勝三世明王，主摧滅惑障，能調極難調伏諸有情，如大自在天，其咆哮作吽（hūṃ）聲。

由上來所說，即知「金剛相大喜、吽字金剛智」、「金剛堅者大歡喜」等皆為錯亂之譯。尤其將「大樂」（mahā-sukha）譯為「大安樂」，更屬望文生義。大樂乃專有名詞，指生機，將「樂」改為「安樂」，便失密義。

72 **執持金剛箭兵器　　金剛劍能斷無餘**
金剛眾持諸金剛[172]　**獨股金剛能退敵**[173]

【梵校】

頌 72 梵文為：

vajra-bāṇā-yudha-dharo vajra-khaḍgo nikṛntanaḥ/
viśva-vajra-dharo vajrī eka-vajrī raṇaṃ-jahaḥ//

172 此句梵文 viśva-vajra-dharo vajrī，對譯為「持種種金剛〔杵〕/金剛〔眾〕」。諸漢譯不甚合梵意。例如釋智譯為「眾持金剛具金剛」，而沙囉巴譯為「金剛金剛相」等。

173 梵文 eka-vajrī，意為「唯一金剛」，而非如釋智所譯之「一種金剛」。此「唯一」義，可見於頌 61。

【無畏譯記】

（一）首句，「金剛箭」（vajra-bāṇā）為五秘密菩薩之一，持金剛箭射阿賴耶識種子。「金剛劍」（vajra-khaḍga）則為武器，義為斷滅四魔。譯此兩名，金剛劍尚可加字，金剛箭則不宜加字，以其為已約定俗成之譯名。

（二）第三句，梵 viśva-vajra-dharo vajrī，意為：金剛力士（眾）持種種金剛杵。故釋智譯「眾持金剛具金剛」，似是而非，他等如說：「眾持金剛（金剛力士眾）具（持）金剛」。沈衞榮擬改為「持眾金剛具金剛」是將「金剛力士（眾）」譯為「具金剛」，尚欠安。今譯為「金剛眾持諸金剛」，或稍妥，但仍受字數限制。

（三）末句，eka-vajrī，漢譯中唯釋智譯出此詞，譯為「一種金剛」，餘皆畧而不譯。按，此實即「獨股金剛杵」，獨股者，表徵「唯一」，唯一即是不二，表出妙吉祥不二法門。於識境中一切法必相對而成二法，如生滅、有無、能所。唯一者，離識境而入智境而成不二（無二）。

73 **惡目生起金剛火　　髮鬘即如金剛燄[174]**
金剛遍入大遍入[175]　　金剛眼為一百眼

【梵校】

頌 73 梵文為：

vajra-jvālā-karālākśo vajra-jvālā-śiro-ruhaḥ/
vajrāveśo mahāveśaḥ śatākṣo vajra-locanaḥ//

[174] 首二句均說及 vajra-jvālā（金剛火燄），此詞為一整體，但有漢譯將 vajra（金剛）分拆來形容眼及髮，例如釋智將第二句譯為「金剛頭髮如焰熾」。

[175] 梵文 vajraveśa，指「金剛遍入」菩薩，漢譯此名皆異，有金總持譯「金剛大色相」及沙囉巴譯「金剛雨」等。

【無畏譯記】

（一）上頌持獨股杵者當為壇城主尊閻鬘德迦，本頌即承此而言其身相。

（二）首二句，Vajra-jvālā，即金剛火燄，由毛孔及髮鬘放出，髮向上逆亦成火燄相。此則謂眼能生火。

（三）第三句 Vajrāveśa，即「金剛遍入」菩薩，能遍入三界作調伏，故名。漢譯岐誤。施護譯為「金剛大入寤」、金總持譯為「金剛大色相」，不知何據。沙囉巴則將 jvālā 譯為「雨」，此乃依「降臨」義意譯。「降臨」亦為 jvālā 之另一義，釋智依此譯為「金剛降臨」。

74 **金剛尖毛遍於身**[176] **集金剛毛成一身**[177]
指甲端如金剛尖 **金剛堅固厚硬皮**[178]

【梵校】

頌 74 梵文為：

vajra-romāṅkura-tanur vajra-romaika-vigrahaḥ/
vajra-koṭi-nakhārambho vajra-sāra-ghana-cchaviḥ//

[176] 梵文 vajra-romāṅkura，對譯為「金剛／毛髮豎立」，應解作「如金剛〔杵〕般的毛髮豎立」。但漢譯一般譯作「金剛毛」。

[177] 本句梵文 vajra-romaika-vigrahaḥ，於中 eka 即「一」，形容 vigraha（身），但漢譯多譯失此義。例如及沙囉巴譯為「遍身」。

[178] 梵文 vajra-sāra，直譯為「金剛堅固」，但不知何故，沙囉巴譯為「金剛藏」，釋智譯為「金剛心」。

【無畏譯記】

（一）本頌仍說壇城本尊形相。

（二）首句 vajra-romāṅkura-tanur，意為：「全身具金剛杵豎立的毛」，漢譯皆失此意。按，所謂「豎立」，實指金剛杵尖，以金剛火即由杵尖放出故。今譯略用意譯。

（三）次句，vajra-romaika-vigrahaḥ，直譯應為：「一金剛毛身」，意譯應云：「眾多金剛毛集成一身」。此蓋表徵以「唯一」為究竟。所以妙吉祥友尊者疏，謂此為「無二身」。

又，首次二句合誦，即表示「一即是多，多即是一」。

（四）第三句，明言指甲端如金剛（杵）尖。比對即知首句意譯不誤。

上來所說，藏譯皆不誤。

75 **持金剛鬘具吉祥**[179] **金剛莊嚴為莊嚴**[180]
哈哈高笑成妙音[181] **六種子字金剛音**

【梵校】

頌 75 梵文為：

vajra-mālā-dharaḥ śrīmāṃ vajrābhāraṇa-bhūṣitaḥ/
hā-hāṭṭa-hāso nirghoṣo vajra-ghoṣaḥ ṣaḍ-akṣaraḥ//

179 梵文śrīmāṃ，金總持與沙囉巴皆譯為「殊勝」，應如釋智，譯為「吉祥」較佳。

180 本句梵文vajrābhāraṇa-bhūṣitaḥ，直譯為「以金剛莊嚴為莊嚴」，但漢譯一般譯作「金剛莊嚴」。

181 梵文為 nirghoṣa，直譯為「音聲」，但釋智則譯作「決定吼」。

【無畏譯記】

（一）本頌仍說壇城本尊，除身莊嚴（身所佩飾物）外，更說其聲音。修聲音為陀羅尼門，依聲觀修者，須將聲音光明、字鬘光明、表義光明（此聲音有何表義）三無分別而修。

故此處首句即說「持金剛鬘」，持者。非但佩戴，且為受持。此以金剛鬘比喻咒鬘。

（二）所言咒鬘即妙吉祥智慧勇識之咒，每一音即一種子字，由一種子字開展一法門（法門即是表義）。此咒為ཨ་ར་པ་ཙ་ན་ཡ（a ra pa ca nā ya）。

（三）第三句，nirghoṣa 宜譯為妙音，蓋 ghoṣa 為妙吉祥另一名號（Mañju-ghoṣa），譯為「妙音」。此處用 nir 代替 mañju。nirghoṣa 原意為響音。nir 有否定之意，但於此處並非用於否定 ghoṣa，而是用以代表「虛空」，故 nirghoṣa 或可直譯為「空音」（空響之音），此以 nir 表義智境，ghoṣa 表義識境，出智識雙運義，故仍可譯為「妙音」，沿用「妙吉祥」之「妙」以表義智境。

（四）末句，akṣara 宜譯為「種子字」，因 akṣara 原有「無窮盡」之意，無窮盡即表生機，故習慣上譯為「種子字」。

76 **以妙音發大響聲**[182] **三世間中唯一音**[183]
既周遍於虛空界[184] **較世間音為最勝**

上來大圓鏡智十頌，加四分一[185]

// ādarśa-jñāna-gāthāh pādona-sārdha-daśa //

【梵校】

頌 76 梵文為：

mañju-ghoṣo mahā-nādas trailokyaika-ravo mahān/
ākāśa-dhātu-paryanto ghoṣo ghoṣavatāṃ varaḥ//

[182] 梵文為 mañju-ghoṣa，即「妙音」。漢譯於此句多將 mañju 音譯為「文殊」，但釋智則譯作「大柔和聲」。

[183] 本句梵文 trailokyaika-ravo mahān，直譯為「三世間中唯一大音聲」，但漢譯（除釋智外）將其譯為「遍徹於三界」。

[184] 本句梵文 ākāśa-dhātu-paryanto，直譯為「周遍虛空界」，但另有梵本將句末寫為 -paryantaghoṣo（周遍 / 音聲），未知是否此故，釋智將其譯為「遍虛空界聲哮吼」。

[185] Davidson 所錄之梵文本有 pādona-sārdha 一詞，意為「加四分一」。據沈衛榮藏校，此與北京版藏譯文 me long lta bu'i ye shes kyi tshogs su bcad pa rkang pa dang bcas pa bco'o 完全一致。唯諸漢譯則沒有此詞之對譯。

【無畏譯記】

（一）此頌，二藏譯頗有岐異。一譯著重其「唯一」，另譯則著重於「普澈」（周遍）。

（二）承上頌，於首句即出 mañju-ghoṣa 名號，以其為妙音，故言其為 mahā-nāda。nāda 字根 nad，有回響之意。如來妙音，世間回響，由是成如來藏義。

（三）持如來藏義以讀本段頌文即是對「世間出世間種姓」之機，因為可以說，世間（識境）與出世間（智境）雙運，即如來藏。此即不動佛壇城之表義。不動者，謂雖有一切法自顯現而成諸識境，而智境從不受其污染，是為不動。識境亦從未不離於智，亦可說為不動。

（四）末句，梵典作 ghoṣo ghoṣavatāṃ varaḥ。直譯意為「於 ghoṣavatā 中為最上」。然則何者為「ghoṣavata」？此字含 vata，意為可憫，故此即指世間音（悲憫世間）。全句句義即為「較世間音為最勝」。此即謂由此妙音出世間音，故較之最勝。

釋智譯：「諸有聲中皆殊勝」，錯用「皆」字以致含混，然其將 ghoṣavata 譯為「有聲」，已深明其義，「有聲」者即指世間音，即世間成立為實有之聲音。此意其餘漢譯皆失。

五　妙觀察智

77 **如如真實而無我**[186]　**於真實際離字句**
宣說空性具力尊[187]　**甚深廣大發雷音**

【梵校】

頌 77 梵文為：

tathātā-bhūta-nirātmyaṃ bhūta-koṭir an-akṣaraḥ/
śūnyatā-vādi-vṛṣabho gambhīrodāra-garjanaḥ//

[186] 此句梵文為 tathātā-bhūta-nirātmyaṃ，對譯為「如性／真實／無我」，如性指智境，於中有識境隨緣自顯現，如實而無我。諸漢譯稍欠準確，例如沙囉巴譯為「無我真如性」，而釋智譯為「真實無我真實性」。

[187] 梵文為 vṛṣabha，通常譯作「牛王」，亦可解作「有力者」，故金總持與沙囉巴譯為「牛王」，而釋智則譯為「眾中勝」。

【無畏譯記】

（一）本頌諸漢譯皆不失頌義；唯施護與金總持譯者如自作，能自作而不失義，已可接受。

（二）第二句，akṣara，應譯為「字句」，此則包括文字語言，此較譯為「文字」者意思廣泛。蓋文字語言皆由概念建立，唯真實際（如如境界）能離一切概念，即無文字語言可說為真實。如是即顯示二無我（人無我、法無我），離戲論（概念、依概念而作之分別）。

（三）梵文原典第三句，vṛṣabha，原義為「牛王」，引伸為「具力者」。藏譯 khyu mchog，同。漢譯則金總持與沙囉巴皆直譯之為「牛王」，釋智則意譯為「眾中勝」，不如譯為「具力尊」。

78 **法螺大樂音　　法犍椎大音**
於無住涅槃[188]　　**十方鳴法鼓**[189]

【梵校】

頌 78 梵文為：

dharma-śaṅkho mahā-śabdo dharma-gaṇḍī mahā-raṇaḥ/
apratiṣṭhita-nirvāṇo daśa-dig-dharma-dundubhiḥ//

[188] 此句梵文 apratiṣṭhita-nirvāṇa，直譯為「無住涅槃」，而釋智譯作「超越無住圓寂性」，添字致誤。

[189] 梵文 daśa-dig，即「十方」，而非如釋智所譯「十方法」。

【無畏譯記】

（一）上77頌說智慧勇識發雷音，乃承上一品說聲音二頌而說。由是知本經原未分段落，唯一氣呵成而說。至本頌，仍說聲音，然後引至涅槃與輪迴（十方法）二界，由是開出下來諸頌。

（二）若留意梵典第一、二句，於法螺聲說為 śabda，即「聲調」；於犍椎聲則說為 raṇa，即「喧鬧」，即知本經無處不與智識雙運境關合。法螺喻為說法，故用優雅的「聲調」來說其聲；犍椎乃召眾、報時所用，喻為識境中的動作，故用「喧鬧」一詞為說。

又，月宮釋法螺音云：「開示甚深」；釋法犍椎音則云：「開示廣大」。通途將佛家兩乘，說為般若甚深、瑜伽行廣大。此即般若為智覺故甚深；瑜伽行為識覺故廣大（周遍一切界）。

（三）第三句，釋智譯：「超越無住圓寂性」，此中「超越」二字為外加，不合理。梵文原典意為「此無住涅槃」，是即無所住而住，並非超越無住涅槃。因藏譯本譯此句為 mi gnas mya nga 'das pa po，如逐字對譯，則為「不／住／苦／出離／者」，釋智於是將「不」譯為「超越」，忽略了 mi gnas mya nga 'das 實為一個專門名詞，意即「無住涅槃」。

79 無色或具上妙色[190]　及意所生種種色
吉祥光照一切色　是持影像無餘者

【梵校】

頌 79 梵文為：

arūpo rūpavān agryo nānā-rūpo mano-mayaḥ/
sarva-rūpāvabhāsa-śrīr aśeṣa-pratibimba-dhṛk//

[190] 此句梵文為 arūpo rūpavān agryo，梵 vā 解作「或」，故此句對譯為「無色 / 或色 / 最上」，施護譯「無色中現色」、金總持譯「無色非無色」及沙囉巴譯「無色現妙相」，都不合梵意。

【無畏譯記】

（一）上頌言，智慧勇識住於無住涅槃中而向十方說法（鳴法鼓），此即對應上來76頌之「一音」而攝「世音」。是故本頌，即以法身攝一切色，由報身世界至化身世界，一切色無餘為法身所持，是即如來藏深密義。

（二）頌文首句 rūpavān，此中含 vā，即令全句梵文 a-rūpo rūpavān agryo，應解讀為：「無色或最上妙色」，說為「或」而不說為「和」，即將二者並列同等，因所說即指報身佛土中諸色。故漢譯中唯釋智譯為佳，彼譯為：「無色、有色中微妙」（餘譯皆誤，沙囉巴譯為「無色現妙相」，失當；金總持譯為「無色非無色」，更不當）。此「有色中微妙」即能強調其為報身色。

（三）次句所說「意生色」，即一切世間諸色，為識境物質。是即化身佛土中諸色。於世間識境一切色由心識變現，故可名為意生色。

（四）末句，謂一切諸色為「影像」（pratibimba），此即謂諸法如乾闥婆城，如光影。

（五）全頌即言，法身可顯現為報身色、化身色，如是即是「吉祥光照一切色」，亦即說一切識境圓滿任運成就。

80 **無能勝故稱大主**[191] **於三界中大自在**
住於最極聖道中 **樹大賜福之法幢**

【梵校】

頌 80 梵文為：

a-pradhṛṣyo maheśākhyas trai-dhātuka-maheśvaraḥ/
samucchritārya-mārga-stho dharma-ketur mahodayaḥ//

[191] 梵文 a-pradhṛṣya，意為「無能害」，漢譯中有譯為「最勝」，或「無能過」。

【無畏譯記】

（一）本頌承上頌，言智慧勇識法身能攝三身一切法，由是即能於三界樹法幢，作三界主。

首句，梵 maheśākhya，意為「被稱為大主」，故沙囉巴譯為「大名譽」，釋智譯為「大名稱」，以釋智譯為佳。

然則何以被稱為「大主」，二藏譯異，一作 tshugs pa med，意為「無能勝」，一作 snang ba med，意為「無比擬」。梵 a-pradhṛṣya 意近前者。此即「無能加以障害」之意。

（二）末句，梵 mahodaya，釋智譯為「大興盛」，依妙吉祥友疏，此宜譯為「大莊嚴」，以法幢為法界莊嚴；若依月官釋，此亦可意譯為大莊嚴（月官釋云：「具一切功德莊嚴，故大出現」），然而其主詞則為「大出現」。今仍依梵字面義譯。

81 三界唯一孺童身[192] 耆年長老或生主[193]
亦持三十二種相 端嚴受三界鍾愛

【梵校】

頌 81 梵文為：

trail-lokyaika-kumārāṅgaḥ sthaviro vṛddhaḥ prajā-patiḥ/
dvā-triṃśal-lakṣaṇa-dharaḥ kāntas trai-lokya-sundaraḥ//

[192] 梵文 kumārāṅga，對譯為「孺童／唯一的」，漢譯（除釋智外）皆譯失 aṅga 一詞。

[193] 此句梵文 sthaviro vṛddhaḥ prajā-patiḥ，對譯為「耆年／老邁／生主」。漢譯多皆略譯，例如沙囉巴譯為「耆年世主相」。釋智譯「長老尊者四生主」，皆有省略。

【無畏譯記】

（一）本頌承上頌言三界樹法幢，故即於本頌謂其於三界中示現種種身，令三界歡喜。

頌文第一、二句，即謂其示現童子身、老年身、長老身、生主身。釋智譯為「三世界中一孺童，長老尊者四生主」，語言含混，反不如施護譯為「於彼三界中，出現童子身，或現耆年相、尊長大世主」，較能明瞭其為現種種身。

又，釋智用「四生」一詞，以譯 prajā（群生），或係據藏 skye dgu 而改譯。其意當為以「胎生、卵生、濕生、化生」為群生。故曰「四生」，其實梵藏皆無此意。

（二）梵文原典第二句，sthaviro vṛddhaḥ prajā-patiḥ，可直譯為：「耆年 / 老邁 / 生主」。此中耆年與老邁應有分別，故疑此應與上頌「孺童」（kumāra）連合而言，是即應將四種身分為兩類。「孺童」與「耆年」為一類，此以年齡相對作一類；「老邁」則與「世主」又為一類，如是，vṛddha 一詞則應指年老的「長老」，此以佛家的長老與外道的生主相對而成一類。金總持譯雖多不足據，唯彼譯此云：「或現沙門相」，於此則可參用。

（三）關於「孺童身」，梵作 kumārāṅga，其所含之 aṅga 一詞，有「唯一」義，亦有「身」義，用語相關。釋智譯「一孺童」，可取。因「孺童」亦妙吉祥名號之一，標明「一」孺童，即顯唯一義，亦暗顯其為名號。

（四）末句，梵 sundara，譯言「端嚴」，此即指三十二相、八十隨形好，已成專指之詞。

82 **具世間解功德師**[194] **辯才無礙世間師**[195]
三界歸心勝怙主[196] **皈依無上救護處**[197]

【梵校】

頌 82 梵文為：

loka-jñāna-guṇācāryo lokācāryo viśāradaḥ/
nāthas trātā tri-lokāptaḥ śaraṇaṃ tāyī nir-uttaraḥ//

[194] 梵文 guṇācārya，直譯為「功德阿闍梨」，漢譯多略譯為「師」。

[195] 梵文 viśārada，漢譯多譯作「無畏」，但其梵意實為「熟練」、「精通」（尤於言詞），故有「辯才無礙」之意。此即配合頌 76 及 78 之法義。

[196] 梵文 tri-lokāpta，tri-loka 即「三界」，而 āpta 有「托心」之意。故 tri-lokāpta 意為「三界〔有情〕將其心托於.....」，諸漢譯皆譯失此義。

[197] 此句梵文 śaraṇaṃ tāyi nir-uttaraḥ，對譯為「皈依 / 救護 / 無上」，但沙囉巴譯「救護而無上」及釋智譯「救中救者而無上」，將 śaraṇaṃ tāyi 譯得含糊。

【無畏譯記】

（一）梵典首句，loka-jñāna-guṇācāryo，直譯即是「世智功德阿闍梨」，二藏譯均未譯「功德」義。西夏譯本譯為「智德」，即涵「功德」義。漢譯亦唯施護譯為「世間智功德」。若譯義，則宜譯為為「具世間解功德師」，以所謂loka-jñāna實指了達世間之智，非世人之事功世智。

（二）次句，梵viśārada，藏漢皆譯作「無畏」（藏 'jigs pa med），然疑梵典此字實用「辯才無礙」之意，以妙吉祥一名妙音，即具此義。故依馮偉強校勘，譯為「辯才無礙世間師」。妙吉祥友尊者疏言：「能伏一切諍論故」，正與此義合。

（三）沈衛榮據藏譯第三句yid gcugs pa（委信），指出此句頌文應有「信解」義，甚合。馮校tri-lokāpta一字，亦說其含āpta，即有「托心於……」之義。此義亦見於妙吉祥友尊者疏。

（四）末句，釋智譯「救中救者而無上」，可能據藏譯skyabs dang skyobs pa而譯，逐字對譯即為「救護／與／救護者」。其義實云：「作救護之救護者」。然梵典śaraṇaṃ tāyi，則為「皈依／救護」。無藏譯之意。（金總持譯此為「相應成正覺」，可謂無中生有。）

83 遍空受用樂[198]　　一切智智海
　 劈破無明殼　　能壞三有網[199]

【梵校】

頌 83 梵文為：

gaganābhoga-saṃbhogaḥ sarvajñājñāsāgaraḥ/
avidyāṇḍa-kośa-saṃbhettā bhava-pañjara-dāraṇaḥ//

[198] 梵文 saṃbhoga，漢譯一般譯作「受用」，但此字梵意實有「享受雙身快樂」之意，此即表義「受用生機之樂」，故宜譯作「受用樂」較合梵意。

[199] 梵文 bhava-pañjara，直譯作「有網」，釋智譯作「三有網」，餘漢譯則意譯作「生死網」或「流轉輪」等。

【無畏譯記】

（一）梵頌首句 saṃbhoga，馮偉強梵校，認為此可譯為「受用樂」，因 bhoga 有「樂」義。妙吉祥友尊者疏此為受用身遍滿虛空，以法資生。此即以「資生」為受用樂。由是以說「法樂」。馮說可合。

且此句梵典全文為 gaganābhoga-sambhogaḥ，二詞有意用 abhoga 與 bhoga 相對，是即意味虛空（gagana）之樂不足，而受用身則具樂，由是說受用身非是唯空，而為樂空雙運。此正為受用身之義。

（二）次句，梵 sarvajña，習慣上意譯為「一切智」，音譯為「薩婆若」，實指「一切種智」（sarvathā-jñana）。

84 **無餘煩惱息　　　　渡越生死海**
戴冠作智灌　　　　等正覺莊嚴[200]

【梵校】

頌 84 梵文為：

śamitāśeṣa-saṃkleśaḥ saṃsārārṇava-pāragaḥ/
jñānābhiṣeka-makuṭaḥ samyak-saṃbuddha-bhūṣaṇaḥ//

200 此句梵文 samyak-saṃbuddha-bhūṣaṇaḥ，直譯為「等正覺／莊嚴」，但金總持及釋智則直譯為「莊嚴妙寶冠」及「真實究竟令莊嚴」，將 samyah-saṃbuddha（等正覺）譯失。

【無畏譯記】

（一）施護此頌譯得出奇地好。譯言：「滅煩惱無餘，出度輪迴岸，戴智冠灌頂，正等覺莊嚴。」故沙囉巴只略為修改此譯，譯言：「淨除諸煩惱，出度輪迴海，戴智冠灌頂，莊嚴正等覺。」更合梵典藏譯。今依沙囉巴略改。蓋第三句二譯皆不合。

（二）末句 samyak-saṃbuddha-bhūṣaṇaḥ，意為「以等正覺為嚴具」，於外義，即謂以等正覺尊為冠飾，即如「五佛冠。」此意明白，不知釋智何以將「等正覺」譯為「真實究竟」。然若依密義，則以此「煩惱息」等，皆等正覺尊之事業，此等事業雖為識境上之作業，但可說為以佛內自證智為其莊嚴。是亦智識雙運界義。一如鏡影，謂以鏡為其莊嚴。

85 三苦諸苦皆寂息[201] 三盡無邊三解脫[202]
一切障礙悉得離 住於虛空平等性[203]

【梵校】

頌 85 梵文為：

tri-duḥkha-duḥkha-śamanas try-anto 'nantas tri-mukti-gaḥ/
sarvāvaraṇa-nirmukta ākāśa-samātaṃ gataḥ//

201 梵文 tri-duḥkha-duḥkha，duḥkha 一般譯為「苦惱」，但 tri-duḥkha 乃專有名詞，即「三苦」（苦苦、行苦、壞苦），故此詞應譯為「三苦苦惱」，但諸漢譯則略譯為「三種苦」。

202 此句梵文 try-anto 'nantas tri-mukti-gaḥ，anta 一般譯為「邊」、「際」，但其意實為「界限」、「結局」，宜譯為「盡」較佳，故此句對譯為「三盡 / 無邊際 / 得三解脫」。但漢譯全譯失「三盡 / 無邊際」。例如，施護譯為「三世得解脫」，而釋智譯為「滅三毒得三解脫」。

203 梵文 samātaṃ，即「平等性」，漢譯全譯失此詞。釋智只譯為「平等」，會誤以為一般識境「自由平等」之「平等」，但此「平等性」實有深意，詳見龍青巴《三自解脫論》。

【無畏譯記】

（一）本頌唯第二句應考量。梵文原典此句作：try-anto 'nantas tri-mukti-gaḥ，逐字對譯，依馮校應為「三盡／無邊際／得三解脫」，釋智譯為「滅三毒得三解脫」，顯然誤解「三盡」即是「滅三毒」，這跟施護一樣，將「三盡」胡猜，猜為「三世」，反而沙囉巴老實，不譯「三滅」，唯譯為「得三種解脫」，雖未譯全，卻不成誤導。

依妙吉祥友尊者疏，及月官釋，皆謂「無邊」即是「無餘」，是則「三盡／無邊」即「無邊三盡」。然則何者為「三盡」？月官謂指身語意清淨。據此，「無邊三盡」即是「無餘清淨身語意三者」。（馮偉強認為，anta 一字雖可譯為「邊」，但有「結局」義，故應譯為「盡」，此較譯為「滅」或「邊」者佳。）

86 **超越一切煩惱垢　　三時無時住究竟**[204]
一切有情之大龍[205]　**功德頂冠之冠頂**[206]

【梵校】

頌 86 梵文為：

sarva-kleśa-malātītas try-adhvānadhva-gatiṃ-gataḥ/
sarva-sattva-mahā-nago guṇa-śekhara-śekharaḥ//

[204] 梵文 try-adhvānadhva，對譯為「三時 / 無時」。所有漢譯皆譯失「無時」。此「無時」有密意，承接上文，以住於平等性，方能離時空障礙，故三時即無時。

[205] 梵文 mahā-naga，即「大龍」。故施護及沙囉巴皆譯為「大龍」，但釋智譯為「大尊」，則失梵本頌意。

[206] 此句梵文為 guna-śekhara。śekhara 解作「花冠」、「王冠」。甚少解作「頭頂」、「山頂」。施護及沙囉巴譯作「山頂」，釋智譯作「鬘帶」，疑誤。

【無畏譯記】

（一）梵典第二句，try-adhvānadhva 意為「三時無時」，藏譯 dus gsum dus med，極為正譯。釋智亦譯「三時無時」；可能筆受者誤聽，寫作「三時無師」。

此「三時無時」，即如來藏超越時空説如來功德之意，故「無時」即非吾人識境中之三時。妙吉祥友尊者故釋此「無時」為「超越三時」。此出如來藏甚深密義。

（二）梵典第四句，mahā-naga，意為「大龍」，此與如來藏之授記關合。釋尊滅後，當名「龍」的阿闍梨傳如來藏。於多羅那他（Tāranātha, 1575-1634）的《佛教史》，記阿闍梨提婆（龍樹弟子）傳法時代，有名為龍召（Nāgāhvāya）的阿闍梨於印度南方廣傳如來藏。由是知本頌出「大龍」一名，實與如來藏關合。

87 **從諸蘊解脫**[207] **妙住虛空道**[208]
持大如意寶 **寶中勝遍主**[209]

【梵校】

頌 87 梵文為：

sarvo-padhi-vinirmukto vyoma-vartmani su-sthitaḥ/
mahā-cintāmaṇi-dharaḥ sarva-ratnottamo vibhuḥ//

[207] 梵文 sarvo-padhi，漢譯對此詞皆有異譯，譯為「一切有著」、「諸煩惱」、「諸有身」等，但此詞亦可譯為「一切蘊」，以 upadhi 亦有「蘊聚」之意。

[208] 梵文 su-sthita，意為「妙住」，漢譯多譯失此意。

[209] 梵文 vibbhu，宜譯作「遍主」，此接上來二頌，以其能離一切礙，超越一切垢，故謂「遍主」。除釋智外，餘漢譯皆譯失此詞。

【無畏譯記】

（一）頌文首句多岐義。梵典此句 sarvopadhi-vinirmukto。意為「自 sarvo-padhi 解脱」，或「捨離 sarvo-padhi」。然而，sarvopadhi 究何所指，則理解多異。

施護譯「一切得解脱」，有點取巧，因為未將 padhi 譯出；金總持則譯之為「有」；沙囉巴意譯為「諸煩惱」；釋智譯之為「諸有身」（西夏本譯「諸身」可能是隨順釋智）。

至於藏譯 lhag ma kun las rnam grol ba，沈衛榮譯為「解脱諸所餘」。然則 sarvopadhi 又解為「諸所餘」。

馮偉強校勘梵本，認為可譯此字為「一切蘊」，實應重視，以 upadhi 即為「蘊聚」，譯之為「身」為「有」者，想亦由此義而繙。

（二）第二句，梵 su-sthita，意為「妙住」，不知何以釋智譯為「真實住」？諸漢譯皆失「妙」義，然而藏譯 rab 亦無此義。rab 僅可譯言為「勝」（沙囉巴之「勝住」可能即由此而來）。

88 **大如意樹極豐茂**[210] **最勝廣大善妙瓶**[211]
能作有情諸利益 **慈憫有情能利樂**[212]

【梵校】

頌 88 梵文為：

mahā-kalpa-taruḥ sphīto mahā-bhadra-ghaṭottamaḥ/
sarva-sattvārtha-kṛt kartā hitaiṣī-sattva-vatsalaḥ//

210 梵文 kalpa-taru，佛經一般譯作「如意樹」。但 kalpa 亦解作「劫」，故施護及沙囉巴皆譯為「劫樹」。

211 梵文 bhadra-ghata， 漢譯一般譯為「賢瓶」。但 bhadra於佛經亦有譯為「善」、「妙」，故 bhadra 於此頌可譯為「善妙」。以上來諸頌皆說如來藏，故以「善」喻為智境，而「妙」喻為識境，而「善妙瓶」則喻為如來藏。

212 此句梵文 hitaiṣī-sattva-vatsalaḥ，對譯為「能饒益 / 有情 / 慈愍」。漢譯皆異。施護譯為「皆方便所作」，金總持譯為「護念如赤子」，沙囉巴譯為「隨宜而利益」，釋智譯為「隨順有情而利益」。

【無畏譯記】

（一）首句 mahā-kalpa-taruḥ 直譯為「大刼樹」指如意寶樹。藏譯 dpag bsam shing chen 即「大如意樹」，取意譯。宜從之，俾易了知此為何樹。

（二）第二句，梵 mahā-bhadra-ghata ，馮勘為：「善妙瓶」。藏譯 bum pa bzang po che，則為大寶瓶之意。釋智譯為「勝妙淨瓶」，似依梵典。但同樣依梵典，沙囉巴等三譯師均譯之為「大賢瓶」，可見宋元時代，今日通稱為「寶瓶」者，當時稱為「賢瓶」。

今依梵典，bhadra-ghata 譯為「善妙瓶」。

（三）末句，沙囉巴譯為「隨宜而利益」，應是據藏譯而譯。梵 hitaiṣī-sattva-vatsalaḥ，對譯應為「能饒益／有情／慈憫」。金總持譯之「護念如赤子」即據「慈憫」而譯。

89 **知淨不淨復知時**[213] **了知誓句具誓主**[214]
知根器且知時機[215] **亦精通於三解脫**[216]

【梵校】

頌 89 梵文為：

śubhāśubha-jnaḥ kāla-jñaḥ samaya-jñaḥ samayī-vibhuḥ/
sattvendriya-jño vela-jño vimukti-traya-kovidaḥ//

213 梵文 śubhāśubha，意為「淨與不淨」，釋智則譯為「亦解善惡」。餘漢譯則合梵意。

214 此句梵文 samaya jñaḥ samayī-vibhuḥ，譯為「具誓主了知誓句」，漢譯多略譯，譯失 samayī-vibhuḥ（具誓主）一詞。

215 梵文 vela，意為「時機」，除釋智外，餘漢譯皆譯失此詞。此甚重要，所謂「對機說法」，除重「根器」外，還重「時機」。

216 梵文kovida，有精通、通達之意，漢譯中，沙囉巴譯「善巧」最佳。餘漢譯則將上句之「對機說法」者譯為「具三種解脫」、「得三種解脫」、「亦能作於三解脫」，而非如梵意之「精通三解脫」。

【無畏譯記】

（一）藏文首句為意譯，故梵 śubhāśubha-jña（對淨與不淨之知）譯為 bzang ngan shes（知勝者）。漢譯唯釋智依從藏譯，譯為「亦解善惡」。然「善惡」一詞，未免言重，蓋知其為淨與不淨，無非了知弟子根器而已。

頌中 kala-jña（對時之知），妙吉祥友尊者疏為知對弟子所作之時。此亦即月官釋為知教法次第之意。釋智譯為「知時辰」，不如譯為「知時機」。頌中「知」字，金總持及沙囉巴皆譯為「通」，即於古譯中亦未見此種譯法，想此可能為元人口語。

（二）頌文第二句，唯釋智譯足，餘皆缺譯部份頌義。釋智譯云：「遍主解記具記句」，此中之「記」即 samaya（誓句）。然而梵 samayī-vibhu 實為一名詞，譯言「具誓主」，故馮校合，因實不必將 vibhuḥ 由詞中拆出，更譯為「遍主」。但若依藏譯 khyab bdag dam shes dam tshig ldan（遍主／誓句／知／誓句／具有），則可如釋智所譯。

（三）末句，梵 kovida，意為「精通」，沙囉巴譯為「善巧」，亦合（藏譯 mkhas 亦「善巧」意），但釋智譯為「能作」則不詞。解脫非由「能作」可成。頌中「三解脫」應依妙吉祥友及月官，指聲聞、緣覺、菩薩三乘解脫而言，蓋唯此與根器有關，與第三句 sattvendriya-jña（知有情根器）關合。（拙譯為字數所限，唯譯為「知根器」，然凡指根器必指有情根器，故缺譯「有情」尚似可以。）

90 **具功德者知功德　　知法讚嘆生吉祥**[217]
一切吉祥中吉祥　　具福名稱淨善名[218]

【梵校】

頌 90 梵文為：

guṇī guṇa-jño dharma-jñaḥ praśasto maṅgalodayaḥ/
sarva-maṅgala-māṅgalyaḥ kīrttir lakṣmīr yaśaḥ śubhaḥ//

217 梵文為 praśasta，譯為「讚嘆」，除釋智外，餘漢譯皆譯失此詞。

218 梵文 lakṣmīr，意為「榮耀」、「福德」，漢譯將其譯為「吉祥」，難與本頌中第二、三句之「吉祥」（maṅgala）作區別。

【無畏譯記】

（一）梵頌第一句下半，藏文移入第二句。漢譯亦如之。蓋為造句所須之故，改造文句結構後反而能正顯頌義，故今從之。

（二）第二句，梵 praśasta 可譯為「讚嘆」，藏譯則譯為 chos shes bkra shis（知法吉祥）或 chos shes rab zhi（知法寂靜）。何以有此歧異，想或梵本當年早已有此歧異。由此亦知釋智非唯據藏譯本譯，而其所據梵本則與今梵本同，故得譯此為「知法讚嘆」。

（三）第三句梵 maṅgala 與第四句梵 lakṣmī，於漢譯中統譯為「吉祥」，若加分別，則前者具「喜慶」義，後者具「福澤」義。今譯為「具福」。

91 大法筵中大蘇息[219] 得大歡喜與大樂[220]
恭敬承侍悉具足 勝喜吉祥名稱主[221]

【梵校】

頌 91 梵文為：

mahotsavo mahāśvāso mahānando mahā-ratiḥ/
sat-kāraḥ sat-kṛtir bhūtiḥ pramodaḥ śrīr yaśas-patiḥ//

[219] 此句梵文為 mahotsavo mahāśvāso。梵 utsava，意為「宴」、「賀慶」。而 āśvāsa，則意為「恢復呼吸」、「復甦」，一般譯作「入息」、「蘇息」。故此句可對譯為「大法筵 / 大蘇息」。但沙囉巴譯及釋智將 āśvāsa 譯為「止息」，明顯與文義相違。

[220] 此句梵文 mahānando mahā-ratiḥ，漢譯多譯為「大喜 / 大樂」，唯釋智譯為「大歡喜中大音樂」。

[221] 此句梵文為 pramodaḥ śrīr yaśas-patiḥ，對譯為「勝喜 / 吉祥 / 名稱主」。漢譯全譯失 pati （主）一詞。

【無畏譯記】

（一）第一句，漢譯多不佳，施護及金總持譯文皆如自作，尤其是金總持，忽然說：「五面及五頂，五山嚴飾相」，顯然是將第93頌頌文中一些字眼拿來鋪陳。沙囉巴譯「止息踊歡喜」，釋智譯「大止息中大法筵」，其「止息」一詞，當依梵āśvāsa譯出，此梵字一般解為復蘇，又可解為入息（恢復呼吸時之吸氣）。

藏譯此詞為dbugs 'byin，一般解為呼氣，於此則宜譯為「蘇息」，此據妙吉祥友疏。蘇息者，蓋謂有情心性如昏迷，得妙吉祥不二法門即得蘇息。此亦合於月官釋，謂「自種種分別中蘇息」。種種分別即令人昏迷，二尊所說同一意趣。

（二）第二句，藏譯一作rol mo chen po（大音樂）、一作rol po che（大樂），依梵文原典，此為mahā-ratiḥ，恰為無上密續部所說，具生機之「大樂」，故應依後者。釋智譯為「大音樂」即依前者。不知其何以不依梵典，抑或當時梵典已有異文。

（三）末句依馮偉強梵校譯。

92 **具勝施勝最尊勝[222]　無上皈依皈依處**
大怖畏之最勝敵[223]　怖畏消除更無餘

【梵校】

頌 92 梵文為：

vareṇyo varadaḥ śreṣṭhaḥ śaraṇyaḥ śaraṇottamaḥ/
mahā-bhayāriḥ pravaro niḥśeṣa-bhaya-nāśanaḥ//

[222] 此句梵文 vareṇyo varadaḥ śreṣṭhaḥ，對譯為「具勝／施勝／最勝」，可能字數關係，釋智譯得最準，餘漢譯則只略譯。

[223] 此句梵文 mahā-bhayāriḥ pravaro，對譯為「大怖畏／敵／最勝」，沙囉巴譯「大怖最上怨」最合梵意。餘漢譯，例如金總持譯「為降伏魔怨」及釋智譯「於世怨中勝中勝」則似是而非。

【無畏譯記】

（一）藏譯頌文第三句，一作 'jig rten dgra，可譯為「世間怨」；一作 'jigs pa chen po'i dgra 則應譯為「大怖畏之敵」。二者相差只是 'jig 與 'jigs 的一個 ‘s’，解讀起來便大不相同。沙囉巴之「大怖最上怨」，依從後者；釋智之「於世怨中勝中勝」則依前者。

妙吉祥友尊者疏：「獅子等大怖畏之怨敵之形」，顯然以後一藏譯為是，因為獅子等形絕不能說為世間怨。月官釋「於怖畏中」句，即釋為「在生死中」。但因為提到生死（輪迴），故又易誤會月官是說「世間中」。由是，連月官釋論亦易因誤解而成混亂。

梵典此作 mahā-bhayāri，可譯為「大除怖」，即是「大怖畏之敵」。相信並非另有一梵本作「世間怨」，而是藏譯本一 ‘s’ 之差異。

93 **頂髻分結成分髻　　結吉祥草戴頂冠**[224]
如是五面具五髻[225]　　**五髻各繫花冠帶**[226]

【梵校】

頌 93 梵文為：

śikhī śikhaṇḍī jaṭido jaṭī mauñjī kirīṭimān/
pañcānanah pañca-śikhaḥ pañca-cīraka-śekhara//

[224] 此二句梵文為 śikhī śikhaṇḍī jaṭido / jaṭī mauñjī kirīṭimān。施護只譯為「妙頂功德頂，最勝寂默頂」，全不合梵意。金總持及沙囉巴只作音譯，唯釋智譯為「頂髻及髻各分垂，頭髮模椤戴頭冠」。但若據梵本，此二句可直譯為「頂髻 / 分髻 / 髮糾結 / 結髮 / 吉祥草 / 戴頂冠」。第二句另有梵本為 jatī mauṇḍī-。此中 mauṇḍī 意為「光頭」，由是引起揣測，既然具五髻，又如何「光頭」，於是解為「光頂」，恐怕是傳抄時誤筆而已。

[225] 梵文 pañcānana，即「五面」，施護誤譯為「五眼」。

[226] 此句梵文為 pañca-cīraka-śekhara，對譯為「五 / 長帶 / 花冠」。唯沙囉巴及釋智分別譯為「五維髻嚴花」及「五髻各繫花髻帶」。

【無畏譯記】

（一）本頌全說「五字妙吉祥」（五字文殊）之髻髮相。梵頌說得複雜，因為用字彼此意近，故施護索性不譯，自造「妙頂功德頂，最勝寂默頂」兩句以為搪塞。金總持則依梵頌音譯，如 śikhī 譯為「尸棄」等。譯筆一向較為嚴謹的沙囉巴亦作音譯，唯釋智努力譯出。譯為「頂髻及髻各分垂，頭髮模椮戴頭冠」。

（二）若按藏譯，亦有問題。沈衛榮將二藏譯整理，其第一、二句，分譯如下 ——

「頂髻分髻具螺紋，垂髮木椮戴頭冠」

「頂髻分髻垂髮者，垂髮光頭具頂冠」

此處有二岐異。一為「螺紋」與「垂髮」之異；一為「木椮」與「光頭」之異。

若按梵典校勘，則二譯仍未準確，而後者則可肯定為誤，梵 mauñ jī 一詞，被藏譯者誤讀為 mauṇḍī（光頭 mauṇḍya），以致「垂髮」又復「光頭」。然則前一譯的「木椮」又為何物？參考妙吉祥友疏及月官釋，知「木椮」（釋智譯為「摸椮」，皆 mauñji 之音譯）為一種草的名字，可能即是漢土所稱之吉祥草。

（三）現在再看梵典，應可確定譯文。

此二句作 śikhī śikhaṇḍī jaṭilo / jaṭī mauñjī kirīṭimān，逐字對譯則為「頂髻 / 分髻 / 髮結 / 結髮 / 吉祥草 / 戴頂冠」。參照藏譯將之整理，此實為 —— 頂髻成分髻狀，分髻則結為螺旋形；吉祥草結著這些分髻，再戴上頭冠（在中央的分髻上）。於整理時曾參考《金剛頂經》。

將此二句弄通，頌文即易譯。

（四）末句，釋智譯「五髻各繫花髻帶」，按，與「花髻帶」相應之梵文為 cīraka-śekhara，意為繫花冠之帶。

94 持大禁戒作圓頂[227]　以梵行為最上戒[228]
苦行究竟大苦行[229]　最上沐身喬達摩[230]

【梵校】

頌 94 梵文為：

mahā-vrata-dharo mauṇḍī brahma-cārī vratottamaḥ/
mahā-tapas tapo niṣṭhaḥ snātako gautamo ’graṇīḥ//

[227] 梵文 mahā-vrata。沙囉巴及釋智譯皆為「大勤息」。梵文 mauṇḍī（光頭），另有梵本為 mauñjī（吉祥草）。

[228] 此句梵文為 brahma-cārī vratottamaḥ，對譯為「梵行／最上戒」。漢譯一般譯為「最上梵行」，譯失 vrata（戒）一詞。

[229] 此句梵文 mahā-tapas tapo niṣṭhaḥ，對譯為「大苦行／苦行究竟」，非如釋智譯為「大苦行者建苦行」。

[230] 梵文 snātaka，意為「沐身」，唯沙囉巴譯為「淨住」而釋智譯為「淨空」。

【無畏譯記】

（一）由本頌起，已非說妙吉祥身相。本頌說釋迦牟尼（喬達摩），故頌文之「剃髮」（金總持譯）、「圓頂」（沙囉巴譯）、「禿髮」（釋智譯）指釋尊而非說妙吉祥 —— 前說藏譯有誤讀為 mauṇḍya 者，即可能因本頌而致誤。

（二）末句，沙囉巴及釋智譯可考究。藏一本有 gtsang gnas 一詞，沙譯「淨住」、智譯「淨空」皆不能與梵 snātaka（沐浴者）相應。此蓋指釋尊沐浴後入金剛喻定成佛一事而言。然而妙吉祥友疏及月官釋，則作「淨住」解，此應即梵本有異文之證。

95 **梵婆羅門知淨梵**[231] **於梵涅槃得證時**[232]
釋離度脱度脱身 **解脱寂性之寂者**[233]

【梵校】

頌 95 梵文為：

brahma-vid brahmaṇo brahmā brahma-nirvāṇam āptavān/
muktir mokṣo vimokṣāṅgo vimuktiḥ śāntatā śivaḥ//

231 此句梵文為 brahma-vid-brahmaṇo brahmā，直譯為「梵婆羅門知梵」，釋智譯「梵婆羅門解淨梵」最合。沙譯「梵行知梵行」則稍為簡略。

232 此句梵文為 brahma-nirvāṇam āptavān，對譯為「梵涅槃／托心」。諸漢譯不甚合原意，例如釋智譯為「超圓寂時得淨梵」，將 brahma-nirvāṇa 分拆，唯 brahma-nirvāṇa 實一專有名詞，不宜分拆。

233 此二句梵文為 mukti-mokṣo vimokṣāṅgo / vimuktiḥ śāntatā śivaḥ，直譯為「釋離／度脱／度脱身，解脱／寂性／寂」。於中，mukta，有「離縛」之意，故可譯為「釋離」。而 mokṣa 與 vimukta，一般漢譯譯為「解脱」，但實有分別。前者為脱離輪迴而導入涅槃（非專指佛家涅槃），故宜譯為「度脱」，後者則為成佛時之解脱，故宜譯為「解脱」。

【無畏譯記】

（一）本品說「能照大世間大種姓」，故本頌即說婆羅門之解脫。

妙吉祥友尊者云，婆羅門得「梵涅槃」離三雜染，故可稱為解脫，然以修梵之故，仍有梵我，須復由此脫離。此即本頌之主旨。

月官釋論則謂婆羅門住初禪天，從不善法中清淨，然後於第二金剛喻定中得梵涅槃。此可作為前說之補充。

施護譯雖全離頌文，但其自作卻亦稍能說出頌文本意。譯云：「自謂得大仙，已得究竟法，謂沐身外道，一切見等執。從梵天所生，滅亦生梵天。得離繫解脫，無礙寂靜法。」此譯亦應雜入施護對筆受者之講解。如「自謂得大仙」、「謂沐身外道」等句，顯然為講解時用語。

（二）本頌多用馮偉強梵校譯出。

第三句，釋離、度脫、度脫身，實為三事，與第四句相應，釋離相應解脫，度脫相應寂性，度脫身相應寂者。

此中釋離（mukta）謂自輪迴釋離。度脫（mokṣa）謂由釋離得涅槃。此得涅槃身即為度脫者（vimokṣāṅgo）第四句之解脫始為佛家所言之解脫（vimukta）。妙吉祥及月官皆謂「寂性」指煩惱障淨，「寂者」指所知障淨。全頌實云，婆羅門於證梵涅槃後，能離二障即真能得解脫。

96 涅槃寂滅與寂靜[234] 妙出離即盡邊際[235]
淨除苦樂至究竟 離欲即為諸蘊盡[236]

【梵校】

頌 96 梵文為：

nirvāṇaṃ nirvṛtiḥ śāntiḥ śreyo nīryāṇam antakaḥ/
sukha-duḥkhāntakṛn-niṣṭhā vairāgyam upadhi-kṣayaḥ//

234 此句梵文 nirvāṇaṃ nirvṛtiḥ śāntiḥ，對譯為「涅槃／寂滅／寂靜」。一般漢譯簡譯為「證寂靜涅槃」，而釋智則譯作「超越悲哀滅悲哀」。

235 此句梵文 śreyo nīryāṇam antakaḥ，對譯為「妙出離／邊際盡」。漢譯將 nīryāṇam 譯為「圓寂」，乃誤。而 antaka 一詞則譯失。

236 梵文 upadhi-kṣaya，意為「蘊盡」，但金總持及沙囉巴譯為「盡遠」。釋智譯「身中而超越」則較合。

【無畏譯記】

（一）由本頌二藏譯本之岐異（見沈衞榮校勘），更加強筆者的看法，梵本必原有岐異。於藏譯時代，至少有兩本梵本傳世，但到南宋、金、元時，則可能只剩一本，流傳至今。

（二）藏譯岐異無關宏旨，故仍依梵文原典抉擇，以漢譯亦未能達意故。此如釋智譯之「超越悲哀滅悲哀」，真不知從何而來。

（三）先明本頌作意。承前頌說婆羅門之「梵涅槃」，本頌即說佛家三乘之涅槃。此即先說外道，再說三乘。

（四）首句梵作 nirvāṇaṃ nirvṛtiḥ śāntiḥ。逐字對譯可譯為「涅槃／寂滅／寂靜」，此即謂以寂滅為涅槃、以寂靜為涅槃。月官釋，謂前者為佛之涅槃，後者為菩薩之涅槃。

（五）次句梵作 śreyo nīryāṇam antakaḥ，意為「妙出離即盡邊際」。月官謂此乃聲聞與緣覺之涅槃。此謂以離生死兩邊為出離。

由此二句，即知本頌所言者為何。

（六）第三句，釋智譯「能除苦樂之邊際」應修正為「能除苦樂至邊際」，此恐亦為口譯時筆受者誤聽。本句梵頌實云：「淨除苦樂至究竟」。月官釋「究竟」云：「此非意境」，是即為離心識境界而得淨除苦樂。故此所說，應為菩薩涅槃，以轉識成智，即非意境。

（七）第四句，釋智譯「離欲身中而超越」，應加斷句作「離欲 —— 身中而超越」則較合梵頌原意。依梵本，此實言「離欲即為諸蘊盡」，依月官釋，「諸蘊盡」即不復具有漏蘊。故此即言二乘涅槃，彼以滅盡為樂也。「諸蘊」一詞由梵 upadhi 譯出，此即釋智所譯之「身」。

97 **無能勝亦無倫比　　不明不現不能顯**[237]
不可分之周遍行[238]　**微細無漏離種子**[239]

【梵校】

頌 97 梵文為：

ajayo 'nupamo 'vyakto nirābhāso nirañjanaḥ/
niṣkalaḥ sarvago vyāpī sūkṣmo bījam anāsravaḥ//

[237] 此句梵文 'vyakto nirābhāso nirañjanaḥ，對譯為「不明現、無影相、無濁穢」。而 nirañjana 亦可譯為「離著」，故漢譯譯為「無相亦無著」、「無顯亦無著」等。但此句另有梵本為 'vyakto nirābhāso niranvaya，niranvaya 則意為「無後裔」、「無相續」，見頌 100。

[238] 此句梵文 niṣkalaḥ sarvago vyāpī，對譯為「不可分 / 遍一切行」。但漢譯譯失此意。例如沙囉巴譯為「不易隨用遍」；釋智譯為「雖性不改亦普遍」。

[239] 此詞梵本有異，一為 'bījam，一為 bījam，前者譯作「無種子」，後者譯作「種子」，譯意相反。釋智從前者譯作「微細無漏離種性」。沙囉巴及施護從後者譯作「無漏微細種」。

【無畏譯記】

（一）承上來說涅槃，本頌即說法身。

（二）頌文第二句，梵典為 'vyakto nirābhāso nirañjanaḥ，譯言「不顯現、無影相亦無濁穢」。然而藏譯卻有異，依沈衞榮校譯，若據一本，可譯為「不顯不現不污染」此與梵典同，但另本則應譯為「不明不現不能顯」，此則與梵本異。月官釋「不明」者為「教法」，今試畧說。

法身於有情不現前，故可說為不現；以其非為一物，不能成為有情之所緣，故可說為不顯；於佛說法時，施設名言以說，而法身乃不可思議境界，無可言說，故為「不明」。以此而言，藏譯意趣實較梵文原典為深。此亦可認為乃另一梵本之異文。

（三）頌文第三句，niṣkalaḥ sarvago vyāpī，可譯為「不可分割之遍一切行（周遍行）」，釋智將「不可分割」譯為「雖住不改」，似依藏譯而譯。頌文之意，實亦可理解為「無所住卻周遍而住」，無住涅槃之「無住」，便亦為此義。沙囉巴譯為「不易隨用遍」，同釋智譯。

（四）第四句，梵典頌云：sūkṣmo bījam anā-sravaḥ，此即沙囉巴譯之「無漏微細種」。然亦有梵典錄為 'bījam者，意為「離種子」，意思恰好相反，此即釋智譯之「微細無漏無種姓〔子〕」。

梵本有差別，並不代表傳本有異，因為極可能是誤刊，一符號之微，容易誤刻，但卻因此給後人留下疑問。

參考妙吉祥友疏、月官釋，皆說為離種子，故知沙囉巴所譯為誤（施護同，金總持則未譯此句）。

何以「離種子」。妙吉祥友云：以菩提種子得離自身罪過，故離種子；月官說為「離無明」。

98 **無塵離塵與離垢　　遠離過失離疾患**
妙悟遍覺之自性[240]　**遍智遍知故善妙**[241]

【梵校】

頌 98 梵文為：

arajo virajo vimalo vānta-doṣo nirāmayaḥ/
suprabuddho vibuddhātmā sarva-jñaḥ sarva-vit-paraḥ//

[240] 梵文 suprabuddho vibuddha，對譯為「善覺／遍覺」。金總持及沙囉巴譯「善覺悟佛性」最合。唯釋智則譯為「最極寢寤覺」，句意不清。

[241] 此句梵文 sarva-jñaḥ sarva-vit-paraḥ，對譯為「一切智／一切知／最勝」。沙囉巴及施護皆簡譯作「一切智通達」。釋智譯為「諸解諸明即微妙」，則未能將「智」與「知」區別。

【無畏譯記】

（一）上頌既說法身，本頌即說無分別三身。不知三身無分別義，即不知何謂「法爾」、「俱生」。因下頌即說佛智，佛智法爾，且是俱生，故本頌先說此主題。

（二）月官釋，無塵、離塵、離垢，分別說法報化三身。按，此三者皆是俱生。以三身佛陀皆住於智境故，智境唯是法爾境界。由是顯三無分別義理。復次，俱生即無過患，以離能所故。

（三）妙悟原應譯為「善覺」（suprabuddha），為恐與下「遍覺」連讀，文意不清，誤為「善覺此遍覺」，將「善覺」當成動詞，故改。此說善覺者（妙悟者）自證佛性，佛性即如來藏。

（四）末句，遍智即一切種智，遍知即遍通達一切界（此依妙吉祥友尊者疏）。

99 **超越心識與法性**[242] **得持色相無二智**[243]
無分別而無功用[244] **三世正覺作事業**[245]

【梵校】

頌 99 梵文為：

vijñāna-dharmatātito jñānam advaya-rūpa-dhṛk/
nirvikalpo nirābhogas try-adhva-saṃbuddha-kārya-kṛt//

[242] 此句梵文 vijñāna-dharmatātito，對譯為「心識／法性／超越」。此即合文殊師利不二法門，以不落識邊或智邊，故下句便說及無二。但漢譯中，唯沙囉巴譯「超過識法性」能譯出此層深意。施護只譯為「彼一切識法」。金總持索性不譯。而釋智譯「識心超越於法性」，則似是而非。

[243] 漢譯全譯失 rūpa（色相）一詞。

[244] 此句梵文 nirvikalpo nirvābhoga，即「無分別 ／ 無功用」，以無功用即任運，亦即沙囉巴譯「圓成」及釋智譯「默然成」。

[245] 此句梵文 try-adhva-sambuddha-kārya-kṛt，對譯為「三世／正覺／作事業」。漢譯多譯為「三世正覺行」。但另有梵本為 try-adhva-sambuddha-kāya-dhṛk，意為「持於三世正覺身」。

【無畏譯記】

（一）本頌承上文，說佛法身及其事業。持無二而作事業，故即離心識與法性兩邊，是即既不落於識境，亦不落於智境，是為大中道。

（二）首行，梵 vijñana（識），藏於此譯為 rnam par shes，與下文關合，說法身即是如來內自證境。

（三）由於強調智識雙運，所以必須強調「無功用」，此即說無能作所作，因為識境只是藉如來功德（生機）在智境中作自顯現，是故無有作者。藏譯特別留意及此，所以便將梵文原典的「無功用」（nirvābhoga）譯為 lhun gyis grub，意為「任運」。任運者，即自然圓成。釋智於此譯為「默然成」，此亦可見當時或尚未流行「任運」此漢譯詞。

100 **佛陀無始終**[246] **本初佛無因**[247]
唯一智眼淨[248] **如來具智身**[249]

【梵校】

頌 100 梵文為：

an-ādi-nidhano buddha ādi-buddho niranvaya/
jñānaika-cakṣur amalo jñāna-mūrtis tathāgataḥ//

[246] 梵文 an-ādi-nidhana，即「無始無終」，與沙囉巴所譯合，而非如釋智所譯「無垢亦無邊」。

[247] 梵文 niranvaya，本意為「無後裔」、「無相續」，但漢譯及藏譯皆譯為「無因」。

[248] 梵文 jñānaika-cakṣur，譯為「唯一智眼」。除釋智外，餘漢譯皆譯失「唯一」。

[249] 梵文 jñāna-mūrti，譯為「智化身」。但漢譯一般譯為「智身」，而梵文「身」，通常為 kāya，而非 mūrti。

【無畏譯記】

（一）本頌仍說法身，主旨則說法身唯一，且離三時，是即為對空間與時間的超越。

（二）說對於時間的超越，佛典慣常說為離初、中、後際，或說為無始無終。蓋始、終等概念，無非吾人識境施設，於智境中則施設不成。這種基於智境而對識境作觀察的觀點，即便稱為「智眼」。於本頌，則稱為「唯一智眼」（jñanaika-cakṣu）。（漢譯唯釋智譯出「唯一」，餘皆缺譯。）此即謂智眼不落二見而觀察，故無分別。

（三）末句，說如來智身。前已說三身無分別，故一切佛身都是如來智身。此處強調「如來智身」，即承上頌說法身事業而言，謂法身可顯現為報身與化身，此即所謂「變化身」。然通常此僅指化身而言。化身者，亦為智境中之識境自顯現，故說為「如來智身」。

101 **大言說者辯自在[250]　言說權威言說王[251]**
說者中尊最尊者[252]　言說獅子無能勝

【梵校】

頌 101 梵文為：

vāgīśvaro mahā-vādī vādi-rāḍ vādi-puṃgavaḥ/
vadatāṃ varo variṣṭho vādi-siṃho 'parājitaḥ//

[250] 梵文 vāgīśvara，即六密咒王之一：辯自在（見頌 27）。但漢譯將其作意譯。

[251] 梵文 vādi-puṃgava，對譯為「言說 ／ 權威」，釋智譯為「演勝丈夫」。

[252] 此句梵文 vadatāṃ varo variṣṭho，對譯為「說者中尊 ／ 最尊」，漢譯全不合。例如沙囉巴譯為「無上無比等」；釋智譯為「宣陳微詞殊勝處」。

【無畏譯記】

（一）本頌說妙吉祥報身功德，說如來語，正為本壇城之表義，即妙觀察智。妙觀察智壇城修語，以人於識境中作觀察，唯依名言，名言即是言說，識境中依言說廣作分別，此正為識之自性（識以分別為基本功能），如是環環相扣，修妙觀察智即應以修語為方便。

既修語，故已落入色身，以有色身始有色境故。故由前頌起，說法身已告一段落，本頌即以如來受用身說妙吉祥智慧勇識，說其功德，即說不二，即說智識雙運如來藏。

（二）梵文原典 vāgīśvara 一詞，乃辯自在菩薩（Vāgīśvara）名號。藏譯亦如其名號而譯，唯漢譯則意譯為「語」或「句」，失「辯」義，於是「說法」之義亦失，蓋基於法義而施設，「辯」已為「說法」之同義詞。

（三）第二句頌文 vādi-puṃgava，釋智譯為「演勝丈夫」，此乃據梵 puṇgala（譯言：大丈夫）而譯。宜依 puṃgava 譯為「權威」。權威亦為人稱名詞，如「學術權威」即指人而言，故如是譯亦無違梵頌語法。釋智於此處之譯筆尚不能說之為錯，但於第三句，將之譯為「宣陳微詞殊勝處」，則過份忽略梵典，傾向於藏譯而意譯。

（四）末句，梵 vādi-siṃha，譯言「言說獅子」、「語獅子」，此謂辯才無礙而說了義法者。其說稱為「獅子吼」。佛三轉法輪，唯於第三轉說如來藏始名獅子吼，以此法門為了義故。

102 **具勝喜而遍見者**[253] **具火鬘為眾樂見**[254]
吉祥德相具光輝 **手光嚴飾光音光**

【梵校】

頌 102 梵文為：

samanta-darśī prāmodyas tejo-mālī sudarśanaḥ//
śrī-vatsaḥ suprabho dīptir bhā-bhāsura-kara-dyutiḥ//

253 梵文 samanta-darśī，直譯為「周遍而見」。沙囉巴譯「普觀」最佳；釋智譯「勝觀察」則譯失「周遍」一詞。

254 梵文tejo-mālī sudarśana，對譯為「光鬘 / 樂見」，施護及沙囉巴分別譯為「或現火鬘相」及「殊勝威光鬘」，將 sudarśana 一詞譯得模糊。而釋智譯「積聚威勢是入意」，不合梵本。

【無畏譯記】

（一）於觀修聲陀羅尼時，觀聲光無二，故前頌說語，本頌說光。

（二）首句，重點在於「遍見」，蓋唯此始能顯如來功德周遍一切界，此義唯釋智失譯。

（三）第二句，釋智譯「積聚威勢是入意」，語意不明。此於梵典作 tejo-mālī sudarśanaḥ，直譯應為「光鬘／樂見」，於藏譯，則作 gzi brjid phreng ba lta ba sdug，意為「喜見威儀鬘」，即將「光」譯為「威儀」，此乃詮釋法義之譯，於佛典繙譯中常見（漢譯的「觀音」即是一例），蓋妙吉祥之身光實即是其威儀（身相）之一。釋智可能介意於藏譯，於是將「威儀鬘」譯為「積聚威勢」，將「喜見」譯為「入意」。奇怪的是，西夏譯文亦作「威儀／瓔／積／入意」，此或可作為一個證據，推斷西夏譯文亦可能釋智有所參與，依沈衛榮推斷，釋智實為西夏僧人。

（四）第三句 śrī-vatsa，即萬字相（卍），譯言「吉祥德相」。

（五）末句梵典有異。此句一梵本作 bhā-bhāsura-kara-dyutih。bhāsura 一詞具「光淨」之意，是則全句可譯為「光淨光為手莊嚴」。

另有梵本則作 bhā-bhāsvara-，其所含 svara 意為「音」，故 bhāsvara 當譯為「光音」。bhābhāsvara 則可譯為「光音之光」。前已說光與聲無二之觀修，由此詞即知其為觀修之表義。梵典選用此字以說光輝，未知果具深義否。

月官釋此句為：對一切趣（世間）顯示其嚴飾。此句可如後者，謂其以「光音光」為嚴飾，亦可謂其以「光淨光」為嚴飾，未能決定梵本之異。

今以說妙觀察智故，姑依後者譯。

103 **大良醫中最勝者**[255] **能除痛刺故無比**
亦是無餘諸藥樹[256] **能作煩惱病大敵**[257]

【梵校】

頌 103 梵文為：

mahā-bhiṣag-varaḥ śreṣṭhaḥ śalya-hartā nir-uttaraḥ/
aśeṣa-bhaiṣajya-taruḥ kleśa-vyādhi mahā-ripuḥ//

[255] 此句梵文為 mahā-bhiṣag-varaḥ śreṣṭhaḥ，對譯為「大良醫 / 最勝」，唯施護譯為「一切勝自在」。

[256] 施護及金總持皆譯失 taru（樹）一詞。

[257] 此句梵文 kleśa-vyādhi mahā-ripuḥ，對譯為「煩惱病 / 大敵」，梵意指妙吉祥為「煩惱病」之「大敵」，諸漢譯卻將 mahā-ripuḥ 譯為「怨」，於此句譯為「治諸煩惱怨」、「消除諸病苦」、「對治諸病怨」、「對治諸病大怨讎」等。

【無畏譯記】

（一）本頌說妙吉祥化身功德。先說其能令有情離煩惱。

（二）末句，釋智譯為「對治諸病大怨讎」。所對治者本為「諸病」，如今釋智則變成是對治「諸病大怨讎」。「諸病大怨讎」即是「諸病敵」，指妙吉祥化身，本為能對治，釋智則將之變為所對治，顯然失誤。

104 **可喜三界標幟相**[258] **吉祥星宿具壇城**[259]
十方虛空無盡際 **廣大樹立勝法幢**

【梵校】

頌 104 梵文為：

trai-lokya- tilakaḥ kāntaḥ śrīmāṃ nakṣatra-maṇḍalaḥ/
daśa-dij-vyoma-paryanto dharma-dhvaja-mahocchrayaḥ//

258 梵文 trai-lokya-tilaka，直譯為「三界標誌」，即指三界中一切自顯現，故沙囉巴譯為「端嚴三界」亦合，唯釋智譯「入意三界」則不甚合意。

259 除釋智外，漢譯皆譯失 śrīmāṃ（吉祥）一詞。

【無畏譯記】

（一）說化身即說世間，然所說者實為周遍一切界之世間，故於本頌，說「標幟」及「星宿壇城」以為喻意。

（二）第一句，梵 tilaka，意為「標幟」，沙囉巴譯之為「端嚴」，金總持誤解頌義，自造句云：「舒白毫光相」以譯此詞。

依頌義，實以妙吉祥化身為三界標幟。此「標幟」多為一圓點，如印度教徒於眉間所著之紅點，故此亦喻妙吉祥真實名為唯一明點。接說星宿壇城，實亦為明點壇城。

（三）第三句，說十方虛空，paryanta 一詞，意為「究竟處」，「無盡際」，月官於此釋為指時間而言，此釋得深密義。蓋「十方虛空無盡際」即對時空之超越，此正為法身周遍義，亦如來藏之根本義。

105 **世間廣大唯一傘**[260] **慈悲壇城為所具**
吉祥蓮花舞自在 **廣大遍主大寶傘**[261]

【梵校】

頌 105 梵文為：

jagac-chatraika-vipulo maitrī-karuṇā- maṇḍalaḥ/
padma-narteśvaraḥ śrīmāṃ ratna-cchatro mahā-vibhuḥ//

260 此句梵文 jagac-chatraika-vipulo，對譯為「世間 / 唯一傘 / 廣大」，漢譯多譯失 jagac（世間）及 eka（唯一）。梵 eka 雖解為「一」，但此宜應譯為「唯一」，因說不二法門故，見頌 99 及 100。

261 梵文 mahā-vibhu，直譯為「廣大周遍」。金總持及沙囉巴譯為「遍覆」，而釋智譯為「廣大邊主」。

【無畏譯記】

（一）本頌承上頌，說妙吉祥化身於一切世間說不二法門，故初首即說之為「唯一傘」。

（二）頌文末句，梵 mahā-vibhu，藏譯 khyab bdag，皆為「遍主」義，釋智則譯為「邊主」，或是誤植。至於首句，釋智說「遊行唯一廣大傘」，林英津指出，其「遊行」乃受藏譯 'gro 一字影響，以其有「行」義，然 'gro ba'i 實指有情世間（'gro 如「動物」之「動」）。由釋智此種繙譯習慣，亦有可能將「遍主」譯為「邊主」，他可能認為周遍至盡即是「邊」。

（三）頌文第三句，梵 padma-narteśvaraḥ，譯言「蓮花舞自在」，此中 narta 雖意為「舞」，但亦有演劇的意思（如 narta-ka 即為演員），此表義心識境界世間為戲劇。故蓮花喻智境，舞喻識境，自在即言其雙運。

106 **一切佛大王　　　持諸佛性身**[262]
諸佛大相應[263]　　　**諸佛唯一教**[264]

【梵校】

頌 106 梵文為：

sarva-buddha-mahā-raja sarva-buddhātma-bhāva-dhṛk/
sarva-buddha-mahā-yogaḥ sarva-buddhaika śāsanaḥ//

[262] 此句梵文 sarva-buddhātma-bhāva-dhṛk，漢譯一般將 ātma-bhāva 譯為「身」，故沙囉巴譯為「持諸正覺身」，而釋智譯為「持於一切正覺身」。但梵 ātma 實意為「我」、「我性」，而 bhāva 則意為「有」，故此句應意謂「持於具一切佛我性之有法」。而佛我性乃指如來藏我，見頌 64。

[263] 此句梵文為 sarva-buddha-mahā-yogaḥ。梵 yoga，即「瑜伽」，意為「相應」。故此句宜譯為「一切佛大相應」。而施護及沙囉巴皆譯為「諸佛大相應」。唯金總持譯「一切佛平等」及釋智譯「是諸正覺大修習」則誤。

[264] 此句梵文為 sarva-buddhaika śāsanaḥ。此句之 eka 亦應譯為「唯一」（見頌105）。故此句宜譯為「一切佛之唯一教」。施護及沙囉巴譯為「諸佛同一教」，則會令人誤意為「諸佛皆教同一教法」。

【無畏譯記】

（一）本頌讚妙吉祥即讚智識雙運境界。此義於頌文第三、四句尤其明顯。

（二）頌文次句，sarva-buddhātma-bhāva，意為「一切佛性身」，一切有情皆為佛性身，故此非指一切佛。妙吉祥友尊者於此釋為一切佛「我性之自性」，此乃依如來藏「我」義而釋，亦即，「如來藏我」即為此梵詞之義理。

（三）第三句，梵 mahā-yoga，譯言「大瑜伽」，即指心性與法性相應（識與智相應）。今譯為「大相應」。藏文此詞為 rnal 'byor。漢譯中唯釋智譯此為「大修習」，可能誤解 rnal 'byor 為修心，致誤。

107 **吉祥金剛寶灌頂[265]　　一切寶主自在者**
一切世間自在主[266]　　一切金剛持主尊[267]

【梵校】

頌 107 梵文為：

vajra-ratnābhiśeka-śrīḥ sarva-ratnādhipeśvaraḥ/
sarva-lokeśvara-patiḥ sarva-vajra-dharādhipaḥ//

265 漢譯皆譯失 śrī（吉祥）一詞。

266 梵文 sarva-lokeśvara-pati，即「一切世間自在主」，釋智譯「世間自在諸法性」乃誤。

267 此句中 vajra-dhara 乃金剛持之名號，但漢譯將其意譯，譯為「執金剛」、「持金剛」等。

【無畏譯記】

（一）本頌暗指世出世三尊，lokeśvara（世間自在）即指觀自在菩薩；vajra-dhara（金剛持）即指金剛手菩薩；連同妙吉祥菩薩即為三尊。於下頌，即對此三尊有所說。

（二）頌文第一、二句，意謂「金剛寶」為一切寶之王。至於「金剛寶灌頂」，月官謂指以寶冠及金剛帶作灌頂，妙吉祥友則謂以「金剛」作為寶之表徵，故即謂以金剛杵灌頂。是皆指瓶灌。

（三）頌文首、次二句指妙吉祥、第三句指觀自在、末句指金剛手，皆以妙吉祥智慧勇識為主，是即示三尊無分別。亦即身（金剛手）、語（觀自在）、意（妙吉祥）三無分別。

觀自在菩薩

Avalokiteśvara

妙吉祥

Mañjuśrī

金剛手

Vajrapāṇi

108 **一切佛大心　　住一切佛意[268]**
一切佛大身　　一切佛辯語[269]

【梵校】

頌 108 梵文為：

sarva-buddha-mahā-cittaḥ sarva-buddha-mano-gatiḥ/
sarva-buddha-mahā-kāyaḥ sarva-buddha-sarasvatiḥ//

268 此句梵文 sarva-buddha-mano-gatiḥ，直譯為「住於一切佛意」，但漢譯皆不合梵意，例如，沙囉巴譯為「而住諸佛心」，而釋智譯為「一切正覺在心中」。彼等將 manas（意）譯為「心」，誤。

269 梵文 sarasvatī，漢譯多譯為「語」，但其梵文實有「辯才無礙」之意，故金總持譯「妙辯」最合。

【無畏譯記】

（一）本頌即說識境之身語意。分說金剛手、觀自在與妙吉祥。

（二）梵頌 citta，心；manas，意，有所分別。藏譯以 thugs 及thugs la gnas 對譯，此 thugs la gnas 直譯即「在心中」（住於心），釋智釋頌文第二句為「一切正覺在心中」，足見他是依藏文直譯，完全忽畧梵典。

（三）全頌第一句統攝下三句，即一切佛心住於一切佛之意、身、語。此即以佛心表佛內自證智境，以化身佛之身語意為在識境中之自顯現。如是表徵如來藏。故第二句之「住」字實統攝三句，即於一切佛大心中住一切佛之意、身、語。

若以為佛大心住於佛意；佛大心現為大身；佛大心現為佛語，則似未合頌義。

（四）末句，梵 sarasvatī，宜譯為「辯語」，即說法語。

109 **金剛日之大明照　　金剛月之無垢光**
離根本欲即大欲[270]　**種種色為熾燄光**[271]

【梵校】

頌 109 梵文為：

vajra-sūryo mahāloka vajrendu-vimala-prabhaḥ/
virāgādi-mahā-rāgo viśva-varṇo jvala-prabhaḥ//

[270] 梵文 virāgādi，於中，virāga 意為「離貪」，而 ādi 意為「本初」，故 virāgādi 應譯為「離本初貪」，但漢譯多忽略 ādi「本初」之意。

[271] 梵文 viśva-varṇa。viśva 解作「遍一切」、「種種」。varṇa 可解作「色」，故漢譯譯為「色」。但 varṇa 又可解作「聲音」、「音節」，未知此句是否另有深意：聲即是光（見頌 102）。

【無畏譯記】

（一）本頌說金剛日、月，即說菩提心。觀修如來藏之修菩提心，修一下紅上白之明點，表勝義世俗菩提心雙運（智境與識境雙運）。

月官疏則說此為誦讀之方便，即於上顎下顎分別生起月壇城、日壇城而誦（此亦下紅上白）。按月官此說可配合妙觀察智之修語。

（二）林英津留意到梵典第三句 virāgādi 一字，若分拆為 vi-rāga-ādi 則意為「離本初貪」。二藏譯於此亦有異文，一作 chags bral la sogs（離種種貪），一作 chags bral dang po（離最初貪，離根本貪）。沙囉巴及釋智譯皆依前者，而後者則較忠實於梵典。

110 **佛金剛跏趺　　持佛唱讚法**[272]
吉祥蓮花生　　持一切智藏[273]

【梵校】

頌 110 梵文為：

sambuddha-vajra-paryaṅko buddha-saṃgīti-dharma-dhṛk/
buddha-padmobhavah śrīmān sarva-jñā-jñāna-kośa-dhṛk//

272 此句梵文為 buddha-saṃgīti-dharma-dhṛk，於中，saṃgīti 實乃本經之經名，意為「合誦唱讚」，但漢譯譯 saṃgīti 為「勝義」、「真實究竟」等，疑誤。

273 梵文為 sarva-jñā-jñāna-kośa，譯為「一切智之智藏」，但漢譯多略譯，例如，金總持譯為「一切智」、沙囉巴譯為「遍知藏」，而釋智譯為「正覺藏」。唯施護譯為「一切智智藏」。

【無畏譯記】

（一）頌文第二句，馮校指出，含本經經名之 saṃgīti（合誦唱讚）一詞，故知此句說所持之法，即是妙吉祥真實名，當然即是如來藏。一切經無不說如來藏，唯多以法異門（如空性、真如）而說，頌句即言此義。又，此處藏譯有異文。一本同梵典，謂佛所持為 brjod pa'i chos（真實誦之法），一本則作 'gro ba'i chos（有情法）。釋智譯為「真實究竟法」，同前者。

（二）末句，梵 sarva-jñā-jñāna-kośa，譯言「一切智智藏」，藏譯為 mkhyen ye shes，譯言「遍智藏」，而非「遍智智藏」，宜據藏譯，因梵頌原文實為遷就韻律而添一 jñāna。加此字後，應解讀為「一切智之智藏」，其義實為「一切智藏」。

111 持諸幻化王　　廣大佛持明[274]
金剛利大劍[275]　　清淨勝文字

【梵校】

頌 111 梵文為：

viśva-māyā-dharo rājā buddha-vidyā-dharo mahān/
vajratīkṣṇo mahākhaḍgo viśuddhaḥ paramākṣaraḥ//

[274] 此句梵文為 buddha-vidyā-dharo mahān，梵 vidyā-dhara，即「持明」，乃一名稱，不宜如金總持及釋智譯為「持明咒」。

[275] 此句梵文為 vajratīkṣṇa mahākhaḍgo，施護譯「大金剛利劍」、金總持／沙囉巴譯「金剛劍大利」等乃誤。實 Vajratīkṣṇa，即「金剛利」，乃六密咒王之一（見頌 26 及 27），故此句應譯為「金剛利大劍」。

【無畏譯記】

（一）本頌出幻化網義，其究竟法義即是無生。亦即頌末所說之「清淨之最勝文字」，此即 a 字。

（二）次句，梵 vidyā-dhara 宜譯為「持明」，不宜譯為「持明咒」，蓋「持明」已成一名號。此處指幻化網主尊為「持明佛」，或「佛持明」。

（三）第三句，金剛利為菩薩名字，即前說幻化網現證菩提時所說六秘密王之一，藏譯為 rdo rje rnon po，釋智將 rnon po 解為「聰明」，故譯為「聰明金剛」。此「金剛利」之名不宜改譯。

112 **大乘能斷諸苦惱　　金剛法為大兵器**
金剛甚深勝中勝[276]　**金剛覺如義理知**[277]

【梵校】

頌 112 梵文為：

duḥkha-ccheda-mahāyāno vajra-dharma-mahā-yudhaḥ/
jina-jig vajra-gāmbhīryo vajra-buddhir yathārtha-vit//

[276] 梵文 jina-jig，釋智將其音譯為「唧哪唧」。但 jina 可解作「勝者」，jik 解作「勝」，故 jina-jig 可意譯為「勝中勝」。施護及沙囉巴譯為「義」，乃誤。

[277] 此句梵文 vajra-buddhir yathārtha-vit，漢譯多將 buddhi 譯為「慧」，但若依頌義，實宜譯為「覺」，故此句直譯為「金剛覺如其義理而知」。漢譯略譯為「金剛慧所了」、「金剛慧出生」、「金剛慧了義」等。

【無畏譯記】

（一）本頌出金剛法（Vajra-dharma）、金剛甚深（Vajra-gāmbhīrya）二菩薩名號。金剛法能令人現證一切法本性清淨；金剛甚深即金剛利。二尊並列，即謂斷盡一切煩惱能證本證清淨。此即幻化網甚深義，故頌文末句云：「金剛覺如義理知」。（此句依馮偉強校譯）

（二）第三句，梵 jina-jik，馮校云：意譯可譯為「勝中勝」。此譯合妙吉祥友尊者疏。疏言，大乘教法為聲聞緣覺二乘之征伏者，故稱為勝者（jina）。依此，頌中所言之「金剛甚深」即當為勝者中之勝（jina-jik，藏音譯 'dzi na 'dzig）。

（三）末句，梵 vajra-buddhi 之 buddhi 一字，藏譯為 blo gros，是「智」義；漢譯亦譯為「慧」或「智」，與藏譯順；西夏譯則譯為「意智」；馮偉強梵校則認為當譯作「覺」。按，此字前人有譯為「覺慧」，亦有譯為「大覺」，偏重於出世間邊。不過，亦有譯為「意」、「悟」、「智」者，則偏向於世間邊。依本頌義，似應依馮譯。

113 波羅蜜多盡圓滿　於一切地具莊嚴
究竟清淨法無我[278]　正智如月心光燦[279]

【梵校】

頌 113 梵文為：

sarva-pāramitā-pūrī sarva-bhumi-vibhuṣaṇaḥ/
viśuddha-dharma-nairātmyaṃ samyag-jñānendu-hṛt-prabhaḥ/

[278] 梵文 viśuddha，即「究竟清淨」。漢譯中，施護、金總持、沙囉巴略譯為「清淨」而釋智則譯為「真實清淨」，梵典無「真實」一詞之對應。

[279] 此句梵文 samyag-jñānendu-hṛt-prabhaḥ，對譯為「正智／月／心／光燦爛」。漢譯中，施護譯「正智根本心」及金總持譯「正智心明了」都有「心」（hṛt）一詞，但沙囉巴譯「智月殊勝光」及釋智譯「真實智月殊勝光」則譯失。

【無畏譯記】

（一）本頌說十波羅蜜多圓滿為十地，由是知觀修大幻化網即觀修波羅蜜多。今人強分顯密，以為二者如水火之不容，實為誤解。

（二）第一句，梵典之 -pūrī，意為「圓滿」，藏譯為 rdzogs，亦為「圓滿」，釋智則譯為「究竟」，不能說他錯，但總覺得不貼切原典。

（三）第三句，梵典之 viśuddha，意為「究竟清淨」、「極清淨」，藏譯 rnam par dag pa，同意。釋智則譯為「真實清淨」，喜歡用「真實」，似乎是他的習慣。奇怪的是，西夏譯亦作「實清淨」，此似又可證明西夏譯與釋智有關。

（四）末句，馮偉強梵校，認為 samyag-jñānendu-hṛt-prabhaḥ 一句，應譯為「正智如月心光燦」，因 hṛt 有「心」義，可從。且妙吉祥友疏亦云，心垢消除故說智月妙光，由是即見應作「心光」。

114 **幻化網大精勤者**[280]　**一切密續最勝主**[281]
全數金剛結跏趺[282]　**而持無餘智慧身**

【梵校】

頌 114 梵文為：

māyā-jāla-mahodyogaḥ sarva-tantrādhipaḥ paraḥ/
aśeṣa-vajra-paryaṅko niḥśseṣa-jñāna-kāya-dhṛk//

280 梵文 mahodyoga，即「大精勤者」，施護譯「大教」及金總持譯「種種事」皆誤。

281 梵文 tantra，意為「密續」，而非如施護及沙囉巴所譯為「教」。

282 此句梵文 aśeṣa- vajra-paryaṅko，對譯為「無餘／金剛／作跏趺坐」。此意為「全數金剛作跏趺坐」，但漢譯將 vajra-paryaṅka 譯為「金剛坐」，則為誤導。

【無畏譯記】

（一）本頌仍說大幻化網，亦即說波羅蜜多之觀修。讀下來諸頌即知。

（二）頌文首句，梵典 mahodyoga，意為「勤奮者」、「精勤者」，漢譯失其人稱之義。如釋智譯「廣大精進幻化網」，則「精進」變成為「幻化網」的形容詞，讀者易誤解。且「精進」一詞已成為 virya 的專譯，於此處實不宜用之。

（三）第三句，通行本藏譯有誤（因此亦導致漢譯失誤）。梵典作 aśeṣa-vajra-paryaṅko，意為「全數／金剛／結跏趺而坐」，但藏譯則作 rdo rje gdan ni／ma lus／ldan，變成「金剛座／無餘／具有」，如是則失去句中的主詞「金剛」。因此沙囉巴就譯為「最勝金剛座」，釋智更將之譯為「金剛坐者具無餘」，不詞之甚，「金剛坐者」到底「具」甚麼「無餘」？

月官釋則據此藏譯而釋，謂「具有」蓮花，日月輪等，顯然所釋與梵典不合，除非當時另有梵典。

（四）末句，沙囉巴譯「盡持諸智身」，與梵典、藏譯皆合。釋智譯「持於一切智慧身」，添一「於」字，文意便誤，變成是有甚麼給「一切智慧身」持有，而不是「一切智慧身」被持有。

115 **普賢具妙慧　　　地藏持眾生**[283]
一切佛大藏[284]　　　**持種種化輪**

【梵校】

頌 115 梵文為：

samantabhadraḥ sumatiḥ kṣitigarbho jagaddhṛtiḥ/
sarva-buddha-mahā-garbho viśva-nirmāṇa-cakra-dhṛk//

283 此二句梵文 samantabhadraḥ sumatiḥ kṣitigarbho jagaddhṛtiḥ，對譯為「普賢 / 具妙慧 / 地藏 / 持眾生」。施護及沙囉巴譯 samantabhadra 為「大普賢」，添加了「大」字。而釋智譯為「一切殊勝妙智慧，即於心地持住復」，則為誤。

284 梵文 mahā-garbha，意為「大藏」，而非如釋智所譯為「大心」。

【無畏譯記】

（一）本頌出四大菩薩名號，見於第一、二句，此即 Samantabhadra / Sumati / Kṣitigarbha / Jagaddhṛti。照字面直譯，即為「普賢、具妙慧、地藏、持眾生」。依月官尊者釋，此即普賢、妙吉祥（具妙慧）、地藏、觀世音（持眾生）。

沙囉巴譯為「大普賢妙慧，地藏持世主」，與梵典合。可是釋智卻將之譯為：「一切殊勝妙智慧，即於心地持住復」，那就顯然不知此為四菩薩名號。

（二）說四大菩薩名號，即承上頌「而持無餘智慧身」而言。四大菩薩即受持之智慧身（十地菩薩），本頌則如其名號，說其利益眾生事業。

（三）第三句說四大菩薩為諸佛大藏（mahā-garbha，可直譯為「大胎藏」）；第四句說四大菩薩示現為種種化輪（nirmāṇa cakra）以作化渡有情事業。

116 **一切有具勝自性　　一切有皆持自性**[285]
是即無生法諸義　　諸法自性能執持

【梵校】

頌 116 梵文為：

sarva-bhāva-svabhāvāgryaḥ sarva-bhāva-svabhāva-dhṛk/
anutpāda-dharmā-viśvārthaḥ sarvadharma-svabhāva-dhṛk//

[285] 此二句梵文為 sarva-bhāva-svabhavāgryaḥ sarva-bhāva-svabhāva-dhṛk，對譯為「一切有／勝自性／一切有/持自性」。漢譯中，釋智譯「是一切體殊勝性、亦持一切體自性」尚可，但彼將 bhāva 譯為「體」。施護及沙囉巴將第二句譯為「諸性自性心」及「諸性持自在」，則誤。

【無畏譯記】

（一）上來四大菩薩名號，其實即顯情器世間義理。一切情器世間都在如來法身（佛內自證智）中隨緣自顯現（任運圓成），是即普賢（周遍／善）；其自顯現藉法身功德而成就，法身即如來智，是即妙慧（智慧／善妙）；成就器世間，是即地藏（地／心髓）；成就有情世間，即是持眾生（眾生／持）。

如是成就之一切有，其自性為何？此即以如來法身為其自性（故頌文曰「最勝自性」，svabhavāgrya）。故若施設如來法身為空，則一切有法空；若施設如來法身為有，則一切有法有，故一切有法皆持如來法身自性，即「最勝自性」。

以此之故，即謂一切法「無生」，以其實依如來法身而生，譬如鏡影依鏡而生，是即無生。然而無生非謂無自性，譬如鏡影，即以鏡及影之雙運為自性，其雙運之自性如幻，故始説為「無生」而已。如是了悟，即能持一切法自性。此即本頌義理。

（二）釋智譯為「體」者，於梵文作 bhāva，意為「存在」、「實事」、「有」。藏譯為 dngos po，此亦解為「實體」，釋智譯為「體」即可能受此影響。

頌文「自性」一詞，梵文全作 svabhāva，藏譯初譯為 rang bzhin，唯於末句，可能為了遷就韻律，改譯為 ngo bo nyid，其實仍指「自性」，不宜更出別義。

117 **一剎那間大般若**[286]　**證一切法而能持**[287]
現觀一切諸法者[288]　**上智牟尼知究竟**[289]

【梵校】

頌 117 梵文為：

eka-kṣaṇa-mahā-prājñāḥ sarva-dharmāvabodha-dhṛk/
sarva-dharmābhisamayo bhūtanta-munir agra-dhīḥ//

286 梵文為 mahā-prajñā，prajñā 音譯為「般若」，漢譯將其譯為「智慧」或「慧」。

287 除釋智譯外，漢譯譯失 dhṛk（持）一詞。

288 梵文 abhisamaya，此為「現觀」，而非如漢譯所譯為「現解」。佛經《現觀莊嚴論》（*Abhisamayālaṃkāra*）中之「現觀」，即為此梵文。

289 此句梵文 bhūtanta-mumiragra-dhīḥ，對譯為「真際／牟尼／上智」。諸漢譯多譯失 agra-dhi（上智）一詞。又，漢譯將 bhūtanta 譯為「真實際」，但於頌義，疑意為「知至真實之邊」，即是「盡知」。

【無畏譯記】

（一）本頌承上頌末句而發揮。上頌末句謂能了悟無生而持一切法自性，本頌即言其證悟。

（二）頌文末句，梵典之 bhūtanta，直譯為「真實之邊際」，即指「真實之極端」，是即謂知其究竟。故不宜持字面義以譯。

118 **無動最極澄明我**[290]　**持於等正覺菩提**[291]
即一切佛之現證[292]　**智火熾燄極光明**

上來妙觀察智四十二偈頌。

// pratyavekṣaṇā-jñāna-gāthā dvā-catvāriṇśat //

【梵校】

頌 118 梵文為：

stimitaḥ suprasannātmā samyak-saṃbuddha-bodhi-dhṛk/
pratyakṣaḥ sarva-buddhānāṃ jñānārciḥ suprabhāsvaraḥ//

290 此句梵文為 stimitaḥ suprasannātmā，梵 suprasannātmā，漢譯譯為「清淨」，但其意實為非常清澈、非常明亮，故宜譯為「極澄明」較貼切。又此句有 ātma，即「我」，而漢譯則譯為「性」、「自性」。

291 除釋智譯外，漢譯譯失 dhṛk（持）及 bodhi（菩提）一詞。

292 梵文為 pratyakṣa，漢譯譯為「現前」，但其意實為當下、直接地明瞭，故宜譯為「現證」，此亦與頌意相應。上頌說現觀，今頌說現證，由現觀而得現證。

【無畏譯記】

（一）本頌主旨在於說明成佛之現證，等同一切諸佛之現證。成佛並非新得，亦無個別佛體。由是引入下來所說之平等性智。所謂平等，即無分別。

（二）首句，梵 suprasannātmā，意為極澄明我，是說「如來藏我」。結合首、次二句，即謂於等正覺（samyak-saṃbuddha）、現證之覺（菩提 bodhi），具持此無變異（無動 stimita）極澄明我。以於內自證智境中雖有識境隨緣自顯現，唯智境不受識境污染，故說為無變異。

（三）第三句，釋智譯「一切正覺現於前」，令人誤解，彷佛於成佛時，有一切佛現於其眼前；沙囉巴譯「一切佛現前」少一「於」字，較佳。此「現前」其實即是「現證」。藏譯 mngon sum pa，「現證」義明顯，但由於與其相應的梵字 pratyakṣa，有「現見」義，於是此藏字便亦被認為同義，由是譯為「現前」。

六　平等性智

119 **最上所樂義成就**[293]　**一切惡趣悉清淨**
一切有情勝導師[294]　**一切有情令解脫**[295]

【梵校】

頌 119 梵文為：

iṣṭārtha-sādhakaḥ paraḥ sarvāpāya-viśodhakaḥ/
sarva-sattvottamo nāthaḥ sarva-sattva-pramocakaḥ//

[293] 此句梵文為 iṣṭārtha-sādhakaḥ paraḥ。梵 iṣṭārtha 可譯為「所樂意」，以 iṣṭa 意為所希求，所渴望。此句對譯為「所樂意 / 成就 / 最上」。漢譯中，沙囉巴及釋智將 iṣṭārtha 分拆，譯為「隨身成妙義」及「隨樂成就微妙義」。

[294] 此句梵文為 sarva-sattvottamo nāthaḥ，對譯為「一切有情/最勝/導師」。沙囉巴譯「救諸群生尊」不合梵本。施護及金總持則譯失uttmo nātha（最勝導師）。

[295] 金總持將 pramocaka（令得解脫）譯為「作最上利益」，誤。

【無畏譯記】

（一）由本頌起說平等性智，與最上大手印種姓相應。前已說，超越一切識境為大印。本品即明此主旨。

（二）首句 iṣṭārtha-sādhakaḥ paraḥ，謂隨意樂而得「義成就」，是為最勝。月官謂此到達第十一地。妙吉祥友則謂義成就為佛果。此即自利利他圓滿。此亦即於平等性智中作事業，出本品主旨。

（三）次句，謂清淨惡趣，月官指為燒屍儀軌，妙吉祥友則僅說之為義成就之果，以得義成就自然止息惡趣行。所謂「一切惡趣」，為一切世間都具有之惡趣，非只指吾人情器世間之三惡趣。下來說「一切有情」，同此理趣，否則即非平等性智。

120 **煩惱陣中獨勇猛**[296] **摧殺無知傲慢敵**[297]
具足樂空智吉祥[298] **具持勇健醜惡相**[299]

【梵校】

頌 120 梵文為：

kleśa-saṃgrāma-śūraikaḥ ajñāna-ripu-darpa-hā/
dhīḥ śṛṅgāra-dharaḥ śrīmān vira-bībhatsa-rūpa-dhṛk//

[296] 此句梵文 kleśa-saṃgrāma-śūraikaḥ，釋智譯「煩惱敵中獨勇猛」甚合。而沙囉巴譯「獨破煩惱陣」則似是而非。

[297] 梵文 hā 字，意為摧破，於無上密，有忿怒尊以 ha 笑聲作調伏之修習。

[298] 梵文 śṛṅgāra，意為男女交合，故 dhīḥ śṛṅgāra 即為「雙身智」，但漢譯全譯失「雙身智」此詞。顯乘對男女雙身非常忌諱，但於無上密，說言：「於平等性言之，淨穢無二，故非所捨；復以其實清淨故，乃所當取；若持無淨無穢行，則能領納平等性，且調伏有相分別。故依禁戒行當速得諸悉地。」見《幻化網秘密藏續釋——光明藏》（不敗尊者造，沈衞榮譯，香港：密乘佛學會，2001 年，頁 200）。而頌 124，即說此雙身智實超越有法之貪。

[299] 梵文為 vira-bībhatsa-rūpa，直譯為「勇猛醜惡相」。施護譯「現無畏色相」、沙囉巴譯「可畏相」及釋智譯「堅固之惡相」都不甚準確。

【無畏譯記】

（一）第一、二句，將藏譯逐字譯出就恰恰是梵頌之意，這情形很有趣。然而第二句藏譯未譯全，據馮偉強梵校，梵頌實含此 ha 聲破敵之意。此關乎文字結構，實難譯出。

（二）第三句有隱義。釋智譯「具吉祥智而嚴身」，跟梵典藏譯都完全對不上。餘漢譯亦然。

梵文原典為 dhiḥ śṛṅgāra-dharaḥ śrīmān，逐字對譯應為「智／性交／持／吉祥」。藏譯則將 śṛṅgāra 解為媚態，於是譯為 sgegs，漢譯者即據之譯為「裝飾」（嚴身），或索性不譯。

按，此所謂「雙身智」（依馮偉強校譯），實為「樂空無二」之智，稱為「樂空智」，施設法身為空，施設法身功德（生機）為樂，二者恆時雙運，其證悟即樂空智。妙吉祥友及月官皆不釋此義。月官則十分隱晦而釋 sgeg，云是指解脫輪迴。足見兩位尊者都不願依本經說雙身。今姑譯為「樂空智」。

（三）第四句，梵 vira，意為「勇健」，釋智誤解，譯為「堅固」。

121 振百手而揮諸杖[300]　足進止而作舞者
百臂旋動而吉祥[301]　遍滿虛空之舞者

【梵校】

頌 121 梵文為：

bāhu-daṇḍa-śatākṣepaḥ pada-nikśepa-nartanaḥ/
śrīmacchata-bhujābhoga gaganābhoga-nartanaḥ//

300 漢譯皆譯失 daṇḍa（杖）一詞。

301 漢譯皆譯失 bhoga（旋動）一詞。

【無畏譯記】

（一）梵頌第一句，有 daṇḍa 一詞，意為「杖」。謂百手揮動眾杖。但漢譯則皆說為揮動手或揮動手臂。連藏譯一本亦然，譯為 lag pa brgya bo kun（諸百手）。這情形，或為梵本原有異文的證據。（西夏譯亦作百手而無杖，則可能受藏譯漢譯影響，未足以證明梵本有異。）

（二）第二句，於梵典有 pada-nikṣepa 一詞，意為「以目視足」而舞。西夏譯可譯為「舉步進止而作舞」，此「進止」一詞，形容金剛舞步甚為貼切，蓋金剛步每跨一步，另足多跨併前足，是即為「進止」相。林英津說此句相當於藏譯 gom pa'i stabs，漢譯則僅譯為「舉足」、「舉步」，失去靈動之姿態。今從西夏譯。

（三）第三句，梵作 śrīmacchata-bhujabhoga，意為「百臂遍動而吉祥」，藏譯 gang la 即為「遍」的繙譯，意指種種動姿、一切動姿。西夏譯可寫作「百手皆行（動？）而吉祥」，唯漢譯皆不譯出「動」或「遍動」之意。

（四）依梵二、四句，nartana 一詞，皆應譯為「舞者」。

122 **大地壇城之分界**[302] **以一足底力壓之**[303]
足拇指爪復抓壓[304] **淨梵天界之尖頂**[305]

【梵校】

頌 122 梵文為：

eka-pāda-talākranta-mahī-maṇḍa-tale sthitaḥ/
brahmāṇḍa-śikharākrānta-pādāṅguṣṭha-nakhe-sthitaḥ//

302 此句梵文為 mahī-maṇḍa-tale sthitaḥ，梵 tale 意為「在……之間」，此句可譯為「於大地／壇城／之間／而住」，漢譯中，金總持及沙囉巴譯 mahī-maṇḍa 為「金輪」，似誤。而諸譯沒有明顯譯出 tale 之意。

303 依梵典，漢譯中，唯釋智將第一句（eka-pāda-talākranta）與第二句（mahī-maṇḍa-tale sthitaḥ）對調。

304 依梵典，漢譯中，施護、沙囉巴及釋智將 brahmāṇḍa-śikharākrānta 與pādāṅgustha-nakhe-sthitaḥ 對調。又此句梵文 pādāṅgustha-nakhe-sthitaḥ，對譯為「於足拇指／指甲／而住」，漢譯除釋智外譯失 nakhe（指甲）。但釋智譯「以足爪甲界分內」，梵典原文沒有「界分內」之對應。

305 此句梵文為 brahmāṇḍa-śikharākrānta，直譯為「梵天界／頂／壓於」，意為「壓於梵天界之頂」，漢譯多譯失 śikhara（頂）一詞，及沒有明顯譯出 ākrānta（壓於）之意。

【無畏譯記】

（一）藏譯更動梵典句序，即第一、二句互調，第三、四句又互調。施護等三漢譯於第一、二句皆依梵典，於第三、四句，唯金總持依梵典句序。釋智譯則皆從藏譯。由此或可證明釋智譯不以梵本為據，金總持反而依梵本為主。

（二）第一、二句，梵 eka-pāda-talākranta-mahī-maṇḍa-tale sthitaḥ，若譯為長行，則為 ——「以一足底壓著大地與壇城之間而住。」此中 maṇḍa 應解為「壇城」，tale 應解為「在……之間」。可能因為將 maṇḍa 看成與 maṇḍala 絕對同義，而後者又可解為輪，所以沙囉巴才將之譯為「金輪」。釋智則將 tale 譯為「界」（分界綫），所以譯作「大地中圍一界分，以一足跟堅踏之。」語義其實不明。藏譯 sa yi dkyil 'khor bzhi yi khyon / rkang pa ya gcig mthil gyis gnon，意為「大地壇城之分界，以一足底力壓之」，句序雖已對調，但反而符合漢文句法，釋智必為依此而譯無疑。

（三）第三、四句，梵 brahmāṇḍa-śikharākrānta-pādāṅgustha-nakhe-sthitaḥ，若譯為長行，則為 ——「以足拇指甲抓壓著梵天界之頂而住」。這樣譯時，其實亦已如藏譯，將兩句句序互調。

藏譯 rkang mtheb sen mo'i khyon gyis kyang / tshangs pa'i yul sa rtse nas gnon，意為「足拇指甲抓著界，又壓著梵天界之頂」。釋智依此譯為「以足爪甲界分內，淨梵世界盡令押」，語意不明，而且意譯成份過多。奇怪的是，西夏譯卻全同釋智譯，真令人懷疑西夏譯文亦出自釋智之手。

123 不二法義即唯一[306]　是最勝義不可壞[307]
種種表義色法義[308]　具心與識之相續[309]

【梵校】

頌 123 梵文為：

ekārtho 'dvaya-dharmārthaḥ paramārtho 'vinaśvaraḥ/
nānā-vijñapti-rupārthaś citta-vijñāna-santatiḥ//

306 此句梵文為 ekārtho 'dvaya-dharmārthaḥ，直譯為「唯一義／無二法義」，漢譯將 ekārtho譯為「一義」，會誤導其意為「一種義」。

307 梵文 avinaśvara，意為「不壞」，沙囉巴譯為「無壞」，餘譯則譯失此詞。

308 此句梵文 nānā-vijñapti-rupārthaś，對譯為「種種／表義／色義／義」，若與下句呼應，其意為「種種表義與色義」，即識境中之種種抽象與具體，皆為心性之自顯。施護及沙囉巴簡譯此句為「種種表色等」。金總持譯為「現種種色相」，將 vijñapti（表義）及 artha（義）譯失。釋智譯「亦種種識具色義」則似是而非。

309 梵文 citta-vijñāna，即「心與識」，而非如釋智所譯為「心意識」。

【無畏譯記】

（一）上來說本尊忿怒相，著重押壓梵天，而說梵天頂在大地與壇城之分界，即寓意梵天頂在智境與識境之分界，是即梵天實為「二法」，故本頌顯示不二法門之「一」，——上頌以「一足底」作壓押，亦顯示「一」義。

（二）第二句，梵 avinaśvara，藏 'jigs pa med，皆意為「不壞」，漢譯無一譯出此義，釋智則譯之為「無怖」，顯然不當。

（三）末句，梵典 citta-vijñāna，意為「心與識」，藏譯同。漢譯施護及沙囉巴皆譯為「心識」，唯釋智譯為「心意識」。

124 有境無餘皆具樂[310]　樂空是即無上智[311]
有法之貪超越後[312]　於三有中具大樂[313]

【梵校】

頌 124 梵文為：

aśeāa-bhāvārtha-ratiḥ śunyatā-ratir agra-dhīḥ/
bhava-rāgādy-atītaś ca bhava-traya-mahā-ratiḥ//

310 此句梵文為 aśeāa-bhāvārtha-ratiḥ，梵 bhāvārtha，意為「不斷流轉而現前的事物」，此即指一切事物現前，無餘皆具大樂（法界中之生機）。漢譯全譯失此層意思。例如，沙囉巴譯「於有相空性」及釋智譯「體義無餘數歡喜」皆與梵典不符。

311 此句梵文為 śunyatā-ratir agra-dhīḥ，對譯為「樂空／最上智」，此「樂空最上智」，亦即是頌120之雙身智。釋智將 śunyatā-ratir 譯為「愛空之性」實誤，餘漢譯，例如，沙囉巴譯「二種染著心」，更不知所云。

312 梵文 bhava，即有法，漢譯譯為「三有」。又，梵文 atītaś，漢譯譯為「捨離」，但其意實為「超越」。

313 此句梵文為 bhava-traya-mahā-ratiḥ，意為「三有中具大樂」，沙囉巴譯「成三有大樂」最合。金總持譯「得三種大樂」則誤將「三有」譯為「三種」。而釋智譯「二有歡喜廣大者」與梵典不符。

【無畏譯記】

（一）上頌既已說「不二」（唯一），且說識境之心（識）色（相）二法唯依心識相續，本頌即說識境具如來法身功德，即說大樂。其說「樂」，梵作 rati，此前已說，謂為法身功德，即情器世間生機（蓋此字多指性愛之樂）。今本頌兩處用此字。

（二）第一句，梵 bhāvārtha，可譯為「有境」，事物緣何成存在與顯現（有），其所依，即是「有境」。如一切法由遍計自性（分別性）而成立，即可說「分別」即是有境。由於世世代代皆依「分別」而施設一切法，所以一切法即相續不斷依「分別」而成為「有」。此即 bhāvārtha 之含義。

（三）第二句，梵 śunyatā-rati，即是「樂空」，此為觀修大中觀（如來藏、不二法門）之專門術語，亦即現證智識雙運時之所證智。於藏譯譯為 stong pa nyid dga' 'dod chags blo，直譯為「樂空貪著智」，然此處之「貪著」（'dog chags），實專指對知識學問，或觀修境界之貪著，於第三句，梵 rāgādy，始為「貪瞋癡」（rāga-dveṣa-moha）之「貪」。

然而此句全句，梵典作 śunyatā-ratir agra-dhīḥ，直譯則為「樂空最上智」，與藏譯不同，若依法義，則反而藏譯為深。蓋若連第三、四句（「*有法之貪超越後，於三有中具大樂*」）而說，此實謂全心全意住於「樂空」，即超越對有法之貪欲，既超越後，於三有中即具大樂。然今姑據梵典而譯，讀者則宜參考藏譯之意。

（四）第四句，梵 māha-rati，金總持及沙囉巴皆譯為「大樂」，合，不知何故，釋智譯為「歡喜廣大者」。藏譯 dga' ba chen po，與梵典同。

125 清淨猶如白雲白　　妙光猶如秋月光
端嚴猶如初日輪[314]　大紅爪甲具光輝[315]

【梵校】

頌 125 梵文為：

śuddha-śubhrābhra-dhavalaḥ śarac-candrāṃśu-suprbhaḥ/
bālārka-maṇḍala-cchāyo mahā-rāga-nakha-prabhaḥ//

314 梵文 bālārka-maṇḍala，即「初出日輪」，唯施護譯為「曼拏羅」，誤。

315 梵 rāga，雖可解作「貪」，但於此句實意為「紅色」，故沙囉巴及釋智譯為「赤」。施護譯為「貪」乃誤。

【無畏譯記】

（一）本頌說具樂空無二智之本尊身相。

（二）第三、四句有問題。第三句，梵 maṇḍala，一般譯為「壇城」，於是施護譯為「曼拏羅」，餘皆譯為「日」或「日輪」。maṇḍala 實有「輪」義，故 bālārka-maṇḍala，即是「初出日輪」，藏譯完全與梵典對應。

第四句，梵 rāga，通常指「貪」，所以施護譯此句為「貪等不能染」，然而 rāga 又由「貪」引伸出「紅色」義，故施護為錯譯。

126 妙髻頂尖帝青寶[316] 勝髮押以大青玉
大摩尼珠吉祥光 佛所變現莊嚴具[317]

【梵校】

頌 126 梵文為：

indranīlagra-saccīro mahā-nīla-kacāgra-dhrk/
mahā-maṇi-mayūkha-śrīr buddha-nirmāṇa-bhūṣaṇaḥ//

316 梵文 indranīla，即「帝青寶」，釋智則似音譯為「尖末青」。

317 梵文 buddha-nirmāṇa，對譯為「佛 / 所化現」，沙囉巴譯「化身佛」及釋智譯「正覺化身」乃誤。

【無畏譯記】

（一）本頌出三種寶。一、寶冠頂珠為「帝青寶」（indranīla，別譯「帝釋青」）；二、髮鬘以「大青」（mahā-nīla）為押髮；三、具大摩尼寶珠（māha-muṇi）。此中帝青寶為帝釋天中之寶石，青色，石面如鏡，如天人心念而於石面顯現境像。

上來將帝青寶說為寶冠頂珠，是據妙吉祥友疏所說，原典謂帝青寶為髮髻尖。

（二）本頌易譯，故多不誤。唯末句，釋智譯「正覺化身莊嚴具」，意為化身佛具上來所說三種寶莊嚴，然而梵典 nirmāṇa，意為「化現」，故頌意實云：佛變現三種寶莊嚴。由是顯智境中有識境自顯現。

127 **百世間界皆震動　〔四〕神足具大趣向**[318]
持大憶念具如性[319]　**四念住之等持王**[320]

【梵校】

頌 127 梵文為：

loka-dhātu-śatākampī ṛddhi-pāda-mahā-kramaḥ/
mahā-smṛti-dharas tattvaś catuḥ-smṛti-samādhi-rāṭ//

[318] 梵文 mahā-krama，梵 krama，意為「步」、「漸次」、「趣入」等。但除施護外，餘譯譯為「力」。

[319] 此句梵文為 mahā-smṛti-dharas tattvaś，對譯為「大憶念 / 持 / 如性」，意為「持大憶念而具如性」。施護及沙囉巴譯為「正念持自性」，將 tattva 誤譯為「自性」。

[320] 梵文 samādhi-rāṭ，梵 samādhi，音譯為「三摩地」，意即「等持」，但釋智誤譯為「靜慮」，以「靜慮」梵文為 dhyāna 故。

【無畏譯記】

（一）由本頌起，說三十七菩提分（bodhi-pākṣika）。此即四念住、四正勤、四如意足（神足）、五根、五力、七覺支、八正道、共三十七分。

（二）四神足為欲、精進、念、思維四種神足。施護譯「神足具大步」，此「大步」出梵典第二句，是為喻意，非真指「大步」。

（三）藏譯句序與梵典不同，第一、二句對調，此出於語法問題。漢譯沙囉巴與釋智二譯皆順梵典。

（四）第二句，梵 mahā-krama，可譯為「大步」，但若將梵文解讀為 akrama 時，則可譯為「大趣向」、「大證」。漢譯歧異，二義皆有譯者採用。

（五）第三句，梵 smṛti，譯言「憶念」、「念住」，為專門名詞，專指座下時的「憶念」，亦即保任座上觀修時的心境（故名「念住」）。以持憶念而住，故稱「念住」。其所憶念即「四念住」（身念住、受念住、心念住、法念住）之如如。

128 **七覺支花香　　　如來功德海**
解八正道旨[321]　　**知覺正覺道**

【梵校】

頌 128 梵文為：

bodhy-aṅga-kusumāmodas tathāgata-guṇodadhiḥ/
aṣṭāṅga-mārga-naya-vit samyak-saṃbuddha-mārga-vit//

[321] 依梵典，漢譯中，施護及金總持將第二句（tathāgata-guṇodadhiḥ）與第三句（aṣṭāṅga-mārga-naya-vit）對調。

【無畏譯記】

（一）承上頌說三十七菩提分，本頌讚七覺支及八正道。諸譯中唯施護及金總持譯，將二、三兩句調換，不當。梵文原典實讚七覺支為如來功德海、讚八正道為成等正覺之道，有所區分，調換句序即失此意。

129 **大愛著於諸有情[322]　實無所著如虛空**
於諸有情意中生　疾速如諸有情意

【梵校】

頌 129 梵文為：

sarva-sattva-mahā-saṅgo niḥsango gaganopamaḥ/
sarva-sattva-mano-jātaḥ sarva-sattva-mano-javaḥ//

322 梵文 saṅga 意為「執著」、「貪著」等。釋智譯為「分著」，似是而非。餘漢譯則譯失此詞。

【無畏譯記】

（一）第一句，梵 mahāsaṅgo 一詞，有歧義。藏譯為 cher chags，如是，則全句意為「對一切有情大貪」（此即將 saṅga 解為「貪」）。然而 saṅga 雖可解為「貪著」、「染著」，但亦可解為「執著於——」、「與——接觸」、「跟——交往」，是則不能引伸出「貪」義。故「貪」與「執著」，二義即成分歧。

所以漢譯中，有三譯均不譯此詞，唯釋智譯為「於諸有情大分著」，然讀之實不知「分著」之意為何。西夏譯則譯為「大執著」。

今譯為「愛著」，以表示一切有情心性中所具佛性，實亦為佛之大悲。「愛著」義，亦符 sāṅga 之原義。

130 **知一切有情根境**[323] **移一切有情心意**[324]
知五蘊義之如性[325] **持五蘊之極清淨**[326]

【梵校】

頌 130 梵文為：

sarva-sattvendriyārtha-jñaḥ sarva-sattva-mano-haraḥ/
pañcaskandhārtha-tattva-jnaḥ pañcaskandha-viśuddha-dhrk//

323 梵文 indriyartha，金總持及沙囉巴譯「根境」，合梵本。釋智則將 indriyartha 分拆，譯為「根與義」，誤。

324 梵文 manas，直譯為「意」。漢譯譯為「心意」。

325 梵文 tattva，直譯為「如性」。漢譯譯為「實」或「實性」。

326 梵文 dhṛk，直譯為「持」。施護及金總持誤譯為「見」。

【無畏譯記】

（一）本頌承上頌「大愛著於諸有情」句而說。頌文本無岐義，所以藏譯完全跟梵文原典相順，漢譯亦大致相順。

（二）唯第一句，梵 sattvendriyārtha，應分拆為 sattva-indriyārtha，即「有情根境」，不應又拆出 artha，解之為義。

（三）頌文第二句須略作解釋。梵典 sarva-sattva mano-haraḥ，意為「取走」、「搬走」一切有情之意。藏譯為 'phrog pa，此詞有「奪去」、「刧走」的意思，但顯然亦應解為「拿走」。釋智譯「能奪有情諸心意」之「奪」，是「匹夫不可奪志」之「奪」，意思與梵文相順。反而西夏譯譯之為「攝」，未必完全符合 hara 原意，此或將 hara 解為「攝取」。今將 hara 譯為「移」。

131 **住諸出離之邊際**[327] **能善巧於諸出離**[328]
住諸決定出離道[329] **於諸出離能宣說**

【梵校】

頌 131 梵文為：

sarva-niryāṇa-koṭi-sthaḥ sarva-niryāṇa-kovidaḥ/
sarva-niryāṇa-mārga-sthaḥ sarva-niryāṇa-deśakaḥ//

327 梵文 sarva-niryāṇa。niryāṇa 意為「出生」、「出現」、「出離」等。而漢譯中，施護譯為「一切化」、金總持譯為「諸行」、沙囉巴譯為「出生」，釋智譯為「決定出」。

328 梵文 kovida，意為「善知」、「通達」等。沙囉巴譯「善巧」甚合梵意。金總持譯「了知」尚可。施護及釋智則譯失此詞。

329 施護及金總持失譯 sarva-niryāṇa-mārga-sthaḥ 句。

【無畏譯記】

（一）梵文原典四句皆用 sarva-niryāṇa 一詞，此 niryāṇa，藏譯為 nges 'byung，逐字對譯即為「決定／出」。所以釋智譯之「決定出彼諸邊際」等，其「決定出」實為依藏譯直譯。餘三漢譯皆取意譯，全無「決定出」之意。如沙囉巴譯同句云：「安住出生際」；施護則譯為「化」，同句譯云：「一切化所作」。

niryāṇa 有「出生」義，此即沙囉巴之所依，施護譯之為「化」，相信亦由此義而來。「出生」及「化」，皆指情器世間之自顯現，此義與藏 nges 'byung 比較，是解「出」為「出生」。

然而本頌實應解此詞為「出離」（離輪迴、離識境）。因本頌即承五蘊之如性，五蘊之極清淨而進一步說識境。此說，合妙吉祥友尊者疏，謂 sarva-niryāṇa 為「一切有情道之建立」。依此，應譯此句為「一切決定出離」。

又，月官釋首句 sarva-niryāṇa-koṭi-sthaḥ 為「得金剛喻定」之義，此即謂成佛之邊際，亦即證後得智之邊際，證後得智即證一切識境自顯現，然此已非凡夫所見之識境，故即成「出離」義。且，月官可能不將句中 koṭi 一詞解為「邊際」而解為「究竟」，是即更能顯出如來藏義理。

（二）第二句，梵 kovida，藏譯為 mkhas（善巧），可從。諸漢譯中唯沙囉巴譯為「善巧」。比釋智譯之「能」為佳。

132 **拔除十二有支根**[330] **而持十二清淨相**[331]
具知四諦行相義[332] **八智覺知而受持**

【梵校】

頌 132 梵文為：

dvā-daśāṅga-bhavotkhāto dvā-daśākāra-śuddha-dhṛk/
catuḥ-satya-nayākāro aṣṭa-jñānāvabodha-dhṛk//

330 施護及金總持失譯 utkhāta（拔除）此詞。

331 梵文 dvā-daśākāra śuddha。ākāra 意為「相」，故施護及沙囉巴譯「十二相清淨」可從。釋智則譯為「清淨十二種」，將 ākāra譯為「種」，似誤。

332 梵文 catuḥ-satya-nayākāra，此句實指四諦十六行相，故 ākāra 應譯為「行相」，而此句可譯為「四諦行相之理趣」，但諸漢譯譯為「四聖諦教相」或「四聖諦義相」等。

【無畏譯記】

（一）正唯上頌說識境自顯現（決定能顯現），故本頌說十二有支（十二緣起）等始不突然。

（二）頌文第二句，梵 dvā-daśākāra，除釋智外，餘譯師均譯為「十二相」（釋智則譯為「十二種」）。十二支與十二相，即指十二有支之順逆觀。無明緣行者，由「無明」而成立「行」，此即一有支。若逆觀，行滅則無明滅，如是即證悟無明無自性，是即一清淨相。

（三）第三句，「具足四諦諸行相」，依馮偉強梵校，指四諦十六行相。梵「行相」正如本頌，用 ākāra 此字。

（四）頌文第四句，aṣṭa-jñānāvabodha-dhṛk，沙囉巴譯為「八智從覺生」，完全與梵典相順。沙囉巴譯為「覺」者，藏譯為 rtogs pa，意為「證悟」，是即為「覺」。

此句即以八識清淨說為八智，顯示「轉識成智」。

133 具有十二諦義相　能知十六如如相[333]
以二十相成正覺[334]　一切勝解遍覺者[335]

【梵校】

頌 133 梵文為：

dvā-daśākāra-satyārthaḥ ṣoḍaśākāra-tattva-vit/
viṃśaty-ākāra-saṃbodhir vibuddhaḥ sarva-vit paraḥ//

[333] 梵文 tattva，即「如如」、「如性」，漢譯多譯為「真實」、「實性」等。

[334] 此頌說 dvā-daśākāra（十二行相），ṣoḍaśākāra（十六行相），viṃśaty-akāra-saṃbodhir（正覺二十行相），三個名詞都具 ākāra（行相），但漢譯多譯失此詞。

[335] 諸漢譯皆譯失 vibuddha（遍覺者）此詞。

【無畏譯記】

（一）承上來諸頌，說至本頌即說成佛。

於本頌，出 dvā-daśākāra（十二行相），ṣo-ḍaśākāra（十六行相），viṃśaty-akāra-saṃbodhi（正覺二十行相）三名詞。妙吉祥友尊者疏，說十二行相為十二處相（即六根六塵之行相）；十六行相為十六空之智相；二十行相則為十六智相加大圓鏡智、平等性智、妙觀察智、成所作智四智相。月官釋則不同，說十二行相為四諦十二相；十六行相則同妙吉祥友說為十六空；二十正覺行相則說為五蘊各具苦、空、無常、無我，故共為二十相。二者相較，前者為佳。

（二）藏譯與梵典完全相順。唯漢譯則多歧異。尤其是第二句，釋智譯為「十六實性現體解」，可能是根據藏譯 de nyid rnam pa bcu drug rig，卻把 rnam 譯為「現體」，而不譯為「相」（於首句，其實他早已將 rnam 譯為「義」，此尚勉強可通）。

134 **無量諸佛之化相**[336] **令顯現為億萬身**[337]
剎那現證於一切 **亦知一切剎那心**[338]

【梵校】

頌 134 梵文為：

ameya-buddha-nirmāṇa kāya-koṭi-vibhāvakaḥ/
sarva-kṣaṇābhisamayaḥ sarva-citta-kṣaṇārtha-vit//

[336] 梵文 ameya，意為「無量」，即超越識境之量，漢譯譯為「一切」、「諸」，則譯失此深意。

[337] 此句梵文 kāya-koṭi-vibhāvakaḥ，vibhāvaka 意為「使顯現」、「令顯現」，故此句可譯為「億萬身令顯現」。諸漢譯皆不合梵意。例如，沙囉巴譯為「出現無量數」，釋智譯為「無邊億界令出現」。

[338] 漢譯全譯失 citta（心）此詞。

【無畏譯記】

（一）第二句，梵 vibhāvaka，漢譯皆作「出現」，藏譯為 'gyed，可解為「分成」（全句意為「分成億萬身」）。此梵字，馮校為「使顯現」，「令顯現」，但梵 vi，亦確有「分」之意，故藏譯亦非無據。

（二）末句，梵 sarva-citta-kṣaṇārtha-vit，直譯可作「一切 / 心 / 刹那義（刹那相）/ 知」。依拙見，可譯為「知一切刹那心相」，此即與妙吉祥友疏合。

135 **以種種乘方便道**[339] **令顯現為世義利**[340]
由是三乘定出離[341] **而唯住於一乘果**

【梵校】

頌 135 梵文為：

nāna-yāna-nayopāya-jagad-artha-vibhāvakaḥ/
yāna-tritaya-niryāta eka-yāna-phale sthithaḥ//

339 此句梵文 nāna-yāna-nayopāya，可譯為「以種種乘方便道」，金總持譯「三乘方便門」，將 nāna-yāna 譯為「三乘」，乃誤。

340 此句梵文 jagad-artha-vibhāvakaḥ，對譯為「世義利／令顯現」，漢譯多譯失 vibhāvaka。而釋智譯為「利益去來皆了解」，不知所云。

341 梵文 niryāta，可意為「出離」，釋智譯為「出」。

【無畏譯記】

（一）於說化身後，即說種種乘，以種種乘皆佛所說。即外道諸乘亦不離佛內自證境，故維摩詰說，由六十二種外道邪見入道。《入楞伽經》亦說一切外道皆為先佛所說。凡此皆顯一切識境於佛內自證智無異離。明此理，即明何以頌文首句說「以種種乘方便道」。

（二）第二句，釋智譯「利益去來皆了解」，林英津指出，其所謂「去來」，實指「眾生」，因彼執藏譯之 'gro 為「去來」，或「行」。

（三）頌文第三、四句，可依沙囉巴之「雖說三乘法，住果唯一乘」。此與梵典相順。yāna-tritaya-niryāta，即意為「三乘出離」。施護譯為「雖顯說三乘」。釋智譯為「決定出於三乘者」，以釋智譯為合。

（四）全頌實說，依於如來法身而有種種乘方便建立，其建立實為「世義利」，故三乘雖可決定出離。然及至究竟，唯住佛乘始能得究境果。此中說「種種乘」，包括外道，及人天乘等世間乘，以法身攝一切乘，是故平等。此平等性由「妙觀察」而知。

136 煩惱界具淨我性[342] 盡諸業界能滅盡[343]
平息暴流而渡過[344] 觀修稠林能出離[345]

【梵校】

頌 136 梵文為：

kleśa-dhātu-viśuddhātmā karma-dhātu-kṣayaṃkaraḥ/
oghodadhi-samuttīrṇo yoga-kāntāra-niḥsṛtaḥ//

342 此句梵文 kleśa-dhātu-viśuddhātmā，對譯為「煩惱界／清淨我性」。諸漢譯皆未譯 ātma（我性）。

343 梵文 karma-dhātu（業界），釋智譯為「業果」。

344 梵文 oghodadhi，分拆為 ogha（激流）與 udahi（海洋），前者為動，後者為靜，此或可喻為心之動態靜態，若能渡過，視皆之為法性自顯現，便如下句所云：「能出離瑜伽之稠林」。漢譯則譯 oghodadhi為「苦海」、「江海」。

345 梵文 yoga-kāntāra-niḥsṛtaḥ。kāntāra 解作「森林」、「荒野」等。故此句對譯為「瑜伽／稠林／出離」，意為「能出離瑜伽之稠林」。諸漢譯皆不合梵意。例如，沙囉巴譯為「相應行所生」，釋智譯為「寂靜如行中出現」等。

【無畏譯記】

（一）本頌首句，又牽涉一個前曾已出的問題，梵 viśuddhātmā，此中 atmā 到底應譯為「自性」，抑或譯為「我性」於一般意義，「我」與「自」無別，但問題在於漢文繙譯，已慣用「自性」來對譯 svabhāva 一詞，若此處又將 ātma 譯為自性即成混亂。拙見，此 ātma 於須強調為我執時，可譯為「我性」，否則不妨只譯為「性」。此處應從前者，以其強調為清淨之「大我」故，此即如來藏義，故應從馮偉強梵校。

（二）第三句，梵 oghodadhi samuttīrṇa，林英津認為應從沙囉巴「已渡諸苦海」。此意見可從，因梵 oghodadhi 一詞，義為經平息之暴流，此重涵義，很難在譯頌中表達，故藏譯亦只譯為 chu bo rgya mtsho 意為「大海水」，此可能以「大海」喻暴流，以「水」喻平靜，仍未完全貼切梵典原義，能與上兩句呼應。

（三）末句 yoga，藏譯 sbyorba（加行），應通指觀修，故此處宜取意譯，此句蓋指出離觀修，是即謂離整治、離作意之修。

137 煩惱隨煩惱雜染[346] 以及習氣皆捨離
般若方便具大悲[347] 不空世間成義利[348]

【梵校】

頌 137 梵文為：

kleśopakleśa-saṃkleśa-suprahīṇasa-vāsanaḥ/
prajñopāya-mahā-karuṇā amogha-jagad-artha-kṛt//

346 此句梵文 kleśopakleśa saṃkleśa，即「煩惱隨煩惱 / 雜染」，漢譯皆譯失 saṃkleśa（雜染）。

347 此句梵文 prajñopāya mahākaruṇa，同頌 4。

348 諸漢譯皆譯失 amogha（不空）。

【無畏譯記】

（一）承上頌，此言「出離」，即離煩惱及隨煩惱等一切煩惱。煩惱指落於識境而起之種種戲論。然梵文原典於首次二句實出三個名相：kleśopakleśa（煩惱及隨煩惱）、saṃkleśa（一切雜染）、vāsanā（習氣）。此即包括由煩惱及隨煩惱所污染熏習的心識。漢譯皆失譯「雜染」。

（二）第三句說「具大悲之般若方便」，即以「般若方便」為如來法身功德，以此功德，一切情器世界始得具生機，故末句說之為「不空世間作義利」。說為「不空」，即謂一切世間皆有識境自顯現。沙囉巴譯末句為「有義利有情」，其「有」字，即「不空」之意。

138 **捨離一切概念義**[349] **持於識境之寂滅**[350]
具足有情諸意境[351] **趣入一切有情意**[352]

【梵校】

頌 138 梵文為：

sarva-saṃjñā-prahīṇārtho vijñānārtho nirodha-dkṛt/
sarva-sattva-mano- viṣayaḥ sarva-sattva-manogatiḥ//

349 梵文 saṃjñā，意為「概念」，漢譯譯為「想」。

350 梵文 vijñānārtha，artha 可譯為「意」或「境」，而 vijñānārtha 實宜譯為「識境」，以前句說及離一切概念義，即有離識境之意。漢譯譯為「識法」或「心識意」不夠貼切。

351 梵文 mano-viṣaya，金總持及釋智譯為「心」，實欠準確。viṣaya 意為「領域」、「活動範圍」，故 mano-viṣaya 宜從施護，譯為「意境」。

352 梵文 gati，於此宜譯為「趣入」，而非如漢譯所譯為「了」或「解」。

【無畏譯記】

（一）本頌仍承上二頌而說離識境。本頌即廣明離識境而認知識境，故一切有情之意境皆在覺者心中。

（二）首句 saṃjñā，通常譯為「想」，間中有譯為「名字」。此即指由分別識造作而成之「概念」。如《入楞伽經》所說之「角想」。由於有「角」此概念，然後分別兔無角、牛有角。由是次句梵 vijñānārtha，實應從馮校譯為「識境」，前已說 artha 有「境」義。故第三句即說 viṣaya（境），藏譯同（譯為 yul）。此以一切概念皆為識境（心識攀緣之境界）。

139 住入一切有情意[353] 於彼心中平等住[354]
滿足一切有情意[355] 一切有情意具樂[356]

【梵校】

頌 139 梵文為：

sarva-sattva-mano-'ntasthas tac-citta-samatāṃ-gataḥ/
sarva-sattva-mano-hlādī sarva-sattva-mano-ratiḥ//

[353] 梵文 manas（意），金總持及釋智譯為「心」，誤。

[354] 梵文為 citta，釋智誤譯為「意」。而梵文 samatā（平等），沙囉巴及釋智將其譯為「隨」、「隨順」，誤。

[355] 梵文 hlādī，宜從沙囉巴，譯為「滿足」。釋智譯為「充滿」不合。又，金總持及釋智仍將梵文 manas（意）誤譯為「心」。

[356] 梵文 rati，即「樂」，此與頌 124 呼應。施護譯為「大樂」，甚合。餘漢譯譯失此義。

【無畏譯記】

（一）本頌即承上頌而說智識雙運。識境不離智境，故可說如來法身住於一切有情心。智境中有識境隨緣自顯現，故出頌文第二、三、四句。是即智識雙運如來藏、亦可說為菩提心雙運（以勝義菩提心為智境、以世俗菩提心為識境），由是而見平等。

（二）由是梵典次句 samatā（平等），即說如來功德平等周遍一切世間，然沙囉巴及釋智皆失譯此義，反而施護及金總持譯不失。西夏譯為「彼等 / 心 / 與 / 等同 / 入」（依林英津），意為「平等趣入一切有情〔彼等〕心」。完全與藏譯 de dag sems dang mthun par 'thug 相順。

140 捨離立宗之過失[357]　一切迷亂皆消除
於三世得無疑智[358]　一切義利三德性[359]

【梵校】

頌 140 梵文為：

siddhānto vibhramāpetaḥ sarva-bhrānti-vivarjitaḥ/
niḥsandigdha-matis tryadhvaḥ sarvārthas triguṇātmakaḥ//

357 梵文 siddhānta-vibhramāpetaḥ。siddhānta 可解作立論、立宗，前人或音譯為「悉檀」（如《大智度論》）。但諸漢譯皆譯作「成就」（siddhi）。vibhrama 解作「迷亂」、「惑亂」等。apeta 解作「捨離」。故此句可對譯為「立論 / 惑亂 / 捨離」。此句梵文原典與諸漢譯異。例如沙囉巴譯為「成就竟無亂」、釋智譯為「成就究竟無錯謬」等，皆與原意不符。

358 梵文 try-adhva，即「三世」。但藏譯則譯為 don gsum，故 Davidson 於其所錄之梵本將 try-adhva 較勘為 try-artha（三義）。於漢譯，施護及金總持譯為「三世」，從梵典。但沙囉巴及釋智則譯為「三義」，似從藏譯。

359 梵文 sarvārtha，即「一切義利」，但釋智譯為「諸我」。

【無畏譯記】

（一）本頌其實等如闡釋平等性，先由三時而說。離三時之概念，則一切世間可在時間上平等（一元次的時間與其他元次時間平等）。行者須由時間之證悟以離時空相礙，此即本頌主旨。

（二）梵典用詞清楚，但漢譯則似受藏譯 grub mtha'（或 grub pa mthar）一詞之影響，將二字分讀，即成「成就」、「究竟」，若將二字連為一詞，則意為「立宗」、「立義」。（上來參考林英津說）。實以二字連讀為一詞始合梵典。

（三）梵第二句，bhrānti，依傳統應譯為「迷亂」。沙囉巴及釋智皆譯為「謬解」，亦合，但仍應以譯「迷亂」為妥。因迷亂未必等同謬解。執持識境以說智境即成迷亂，故須離一切概念以認知智境。但落於識境而說卻亦非謬，此如由無自性說「空」，不能謂之為謬，因此為釋迦所說之法異門，但持「無自性空」此概念以說如來內自證智及其功德即成迷亂，以落於空邊故。

由諸法異門立宗，若唯執偏猛概念，必成迷亂，如說空而墮入唯空邊、說緣起而墮入因緣和合邊、說唯識而墮入識邊，此原非立宗之過，而為偏執之過。本頌所明即在於此。

（四）第三句，「於三世得無疑智」，妙吉祥友疏，說「無疑智」為對三世之取、捨、等置無疑。此即謂於識境中可取過去、現在、未來三世，於智境應捨三世，於一切界則不落於概念（時想）而見「世」。

（五）末句，三種德性，月官釋為以力、塵、暗三種作事業；妙吉祥友則說為空、無相、無願三解脫門。無論依何說，梵 tri-guṇātmaka 一詞，皆不宜譯為「我性」，以皆非成立如來藏我之義。故應譯為「三〔功〕德性」。故釋智譯「諸我三種功德性」，必為誤譯。

141 五蘊義於三時中　　每一剎那善觀察[360]
剎那現證等正覺[361]　　具持一切佛自性

【梵校】

頌 141 梵文為：

pañca-skandhārthas trikālaḥ sarva-kṣaṇa-vibhāvakaḥ
eka-kṣaṇābhisaṃbuddhaḥ sarva-buddha-svabhāvadhṛk//

360 梵文 sarva-kṣaṇsa，直譯為「一切剎那」，金總持及沙囉巴譯為「一念」，誤。

梵文 vibhāvakaḥ，沙囉巴及釋智譯為「分別」，但其梵意實為由「善觀察而得顯現」。此義理甚深。以「分別」必於識境中用概念作觀察，由是不見諸法實相。此即合量子力學之測不準原理。「善觀察」則指離識境而作了別，故於法義上與「分別」有所區別。

361 梵文 abhisaṃbuddha，即「現證等正覺」，諸漢譯皆不準確。例如施護譯為「能證悟」、金總持為「生信解」等。

【無畏譯記】

（一）前頌 tri-adhva 一詞，譯為「三世」；本頌 tri-kāla，則應譯為「三時」。此 kāla 為時分單位，有時用以指季節，蓋本頌說由三時分別以觀察五蘊，五蘊於過去時、現在時、未來時皆不可得，由是知五蘊與三時皆為識境中安立，如是觀察，即不宜說為過去世、現在世、未來世。施護譯及金總持譯，對二者分別清楚。反而西夏譯則二者皆譯為「三時」，可能於西夏文，「時」、「世」二者可通用。

（二）次句，梵 sarva-kṣaṇa，直譯應為「一切剎那」，宜譯為「每一剎那」，始合梵典原義。

又，梵 vibhāvakaḥ，不宜譯為「分別」，譯為「分別」，乃誤之為 vibhāva。vibhāvakaḥ 可譯為「觀察」，義為「令其明現」。此即謂於三時中觀察五蘊，每一剎那皆能令五蘊義理明現，所謂明現，即明其為智境中之識境自顯現。由是帶出下句，一剎那證等正覺。

142 **無支分身最勝身**[362] **觀察諸身之邊際**[363]
無餘色相能變現 **寶幢具大摩尼頂**[364]

上來平等性智二十四頌。

// samatā-jñana-gāthaś catur-viṃśatsḥ //

【梵校】

頌 142 梵文為：

an-aṅga-kāyāḥ kayagryaḥ kāya-koṭi-vibhāvakaḥ/
aśeṣa-rūpa-saṃdarśī ratna-ketur mahā-maṇiḥ//

362 此句梵文 an-aṅga-kāyāḥ kayagryaḥ。aṅga 解作「支分」。故此句可對譯為「無 / 支分 / 身 / 最勝身」。但釋智及沙囉巴譯則將 an-aṅga-kāyāḥ（無支分身）譯為「無身身」。

363 此句梵文 kāya-koṭi-vibhāvakaḥ，釋智譯為「解了諸身之邊際」。梵 vibhāvaka 義見於上頌。

364 此句梵文 ratna-ketur mahā-maṇiḥ，對譯為「寶幢 / 大摩尼珠」，釋智譯為「大寶即是大寶首」，未全合。

【無畏譯記】

（一）梵典首句，an-aṅga-kāyāḥ，此中 aṅga 通常譯為「支分」，於此可直譯為「無支分身」，實指不具任何身體部份之身，故釋智譯為「無身之身」。與藏譯 lus med lus te 同。

（二）本頌「無支分身」，指法身，法身不可見故。次句云，kāya-koṭi-vibhāvakaḥ，有不同解讀。若將 koṭi 解為「邊」，則必將 vibhāvaka 解為「通達」、「了解」，由是即可將全句如釋智譯為「解了諸身之邊際」，或如沙囉巴譯「了解身實際」；但若將 koṭi 看成為「俱胝」（時間單位，指無量數），則 vibhāvakaḥ 應解讀為「令顯現」，如是全句即意為「令無數身顯現」，連上句說法身，即意為法身令無量身顯現。妙吉祥友尊者疏取前者義（通達身之邊際），月官釋則取後者義（通達一切身）。

按，可能梵典此句兼取二義（梵典之難譯即在於梵文常能一語雙關），蓋法身（佛內自證智境界）中有識境自顯現（無數身），若說一切身皆落於其邊際（局限、條件、緣起）始成顯現，則可譯此句為「通達諸身之邊際」，如吾人之身，即落於三元次空間一元次時間之邊際。但若謂諸身皆自法身中自顯現，則亦可說為「令無數身自顯現」。

一語雙關，實難繙譯，今姑只取前義，但讀者亦應知後義。

（三）梵典末句 ratna-ketur mahā-maṇiḥ，直譯為「寶幢／大摩尼珠」，意為具大摩尼珠為頂之寶幢，因 ketur 一字又有「頂」義。故藏譯為 nor bu chen po / rin chen tog（大如意珠／大寶幢），而其 tog 字亦有頂義。沙囉巴譯「如意大寶幢」，合；但釋智譯為「大寶即是大寶首」，似欠妥。

（四）末句，謂能周遍一切界而成情器世間，故如大摩尼珠能如意變現，而法身則喻為寶幢。

七　成所作智

143　諸等正覺者所悟　　皆為無上佛菩提
密咒生處無文字[365]　　說為三部大密咒

【梵校】

頌 143 梵文為：

sarva-saṃbuddha-boddhavyo buddhabodhir anuttaraḥ/
anakṣaro mantrayonir mahā-mantra-kula-trayaḥ//

[365] 梵文 mantra-yoni，梵 yoni 可解作「子宮」、「母胎」，故 mantra-yoni 可譯為「密咒生處」。釋智譯為「出密咒處」，餘譯則譯失 yoni，譯為「大咒」。

【無畏譯記】

（一）由本頌起，說成所作智，與大頂髻大種姓相應。大頂髻者即「一字佛頂轉輪王」，此說種種成就法，作世間事業。因持一 bhrūṃ 字為真言，故稱一字。住於佛頂髻上，故稱佛頂，以如來功德集於此一身，故喻為轉輪王，以轉輪王即集世間成就於一身故。

（二）頌言，一切諸佛之所證皆為佛之「無上菩提」（無上覺），是即謂一切如來法身同一。由此法身出種種密咒。密咒者，即成就世間一切事業之表義。本頌，藏譯漢譯皆無歧異，大致與梵文原頌相順。

（三）第三、四句，說「無上佛菩提」為密咒生處，此即謂由佛內自證智境有密咒（語言、文字）自顯現。故本無文字（智境離語言文字），而說為三部大咒。三部者，指毘盧遮那佛（如來部）為身、不動佛（金剛部）為意、阿彌陀佛（蓮花部）為語。是即由無生而顯現為生，即有種種身語意顯現。此成就種種世間，並成就種種世間中種種事業，即見如來法身功德，是即為「成所作」。故說三部密咒，其意趣實在於此，非唯落於密咒邊，否則即等如將密咒神化。

144 **生出一切真言義**[366] **皆由無字大明點**
五文字者即大空 **百字亦實為空點**[367]

【梵校】

頌 144 梵文為：

sarva-mantrārtha-janako mahābindur anakṣaraḥ/
pañcākṣaro mahāśūnyo bindu-śūnyaḥ ṣaḍ-akṣaraḥ//

[366] 梵文 janaka，沙囉巴譯為「出生」，合。釋智譯為「令增長」，似誤。餘譯則失譯。

[367] 梵文 ṣaḍ-akṣara，即「六文字」。但據 Davidson，藏譯及諸釋論則譯為「百字」，故 Davidson 亦將此梵文較勘為 śatā-akṣara（百字）。而漢譯，除釋智外，皆譯作「百字」。

【無畏譯記】

（一）本頌藏漢諸譯皆無重要歧異。唯一差別在於末句「六種字」與「百種字」之差別。今傳梵典作「六種字」，唯藏譯及月官、妙吉祥友之釋疏皆作「百種字」。漢譯中除釋智外，亦皆作「百字」，由此可見為梵典原已存在之異文。

（二）首句，釋智譯「令增長」，對應梵藏，皆應譯為「出生」。本頌説圓滿次第。故説由無文字「出生」。

（三）頌文第三句「五字」、妙吉祥友疏説為妙吉祥咒 a、ra、pa、ca、na。即五字文殊咒。

145 **一切形相無形相**[368] **十六半半持明點**
超越支分與算數 **持於第四禪之頂**[369]

【梵校】

頌 145 梵文為：

sarvākāra-nirākāraḥ ṣoḍaśārdhārdha-bindu-dhṛk/
akalaḥ kalanātītaś caturtha-dhyāna-koṭi-dhṛk//

[368] 此句梵文 sarvākāra-nirākāraḥ。對譯為「一切形相 / 無形相」，釋智譯為「種種諸空無種種」，乃誤。又 ākāra，除可解作「相」、「形相」外，還可解作「ā 之音」、「ā 之字」。

[369] 此句梵文 caturtha-dhyāna-koṭi-dhṛk，對譯為「第四 / 靜慮 / 頂際 / 持」。與諸漢譯異。

【無畏譯記】

（一）首句梵典用 ākāra 一詞。此詞可解作「形相」，依馮校，此亦可作為「ā 聲」、「ā 字」。此即由無形相、無文字之智境（a），生起具形相、文字之識境（ā）。然亦正以此之故，可說一切形相無形相，以其本不生（無生）故。

（二）末句，釋智譯為「即四靜慮之初首」，若依梵典 koṭi，似不宜譯為「初首」，而應譯為「頂」。沙囉巴譯「住四靜慮上」，即以「上」譯 koṭi。故此為第四禪（靜慮）之頂際，而非初入第四禪。

（三）次句「十六半半持明點」，為隱語。由此知瑜伽行觀修實甚秘密，由是而建立密乘。於其初，何嘗有顯密二宗分別，皆無非為具秘密觀修之行者，與不具秘密觀修之學人，如是分別而已。

146 **知一切禪定支分　　等持種姓及傳承**[370]
等持身為最勝身[371]　　**一切受用身之王**[372]

【梵校】

頌 146 梵文為：

sarva-dhyāna-kalābhijñāḥ samādhi-kula-gotra-vit/
samādhi-kāyo kāyāgryaḥ sarva-saṃbhoga-kāya-rāṭ//

370 此句梵文 samādhi-kula-gotra-vit，梵 kula 與 gotra 意似相近，釋智將 kula-gotra 統譯為「種族性」，餘譯則譯失。現試譯此句為「等持種姓族性知」。

371 梵文 samādhi。釋智譯作「靜慮」，乃誤。

372 梵文 saṃbhoga-kāya，意為「受用身」，唯施護略譯作「身」。

【無畏譯記】

（一）梵典第二句，samādhi-kula-gotra-vit，其 kula 與 gotra 二字容易混淆。釋智將之合譯為「種族性」，與原典不符。餘漢譯則全不對應。至於藏譯，則用 riga（意為「種姓」）以譯 kula，用 rgyud 以譯 gotra。前一字之繙譯應無問題，但 rgyud 則意為「密續」即梵文之 tantra，以原意為「相續」，故用以譯 gotra 一詞。如是即將 kula-gotra 解釋為「種姓相續」，是即為「種族」，釋智譯即由此而來。

馮偉強梵校，解此為「種姓族性」，其實亦有餘義可諍。

月官對全句解釋為：證悟世間及出世間一切等持（三摩地），即 samādhi-kula（等持種姓、三摩地種姓）。以觀修等持為果，而了知一切有情心（按，此當指根器），是即為 gotra vit。如是，即不可將 gotra 譯為 rgyud。

妙吉祥友則云：等持指首楞嚴等，此等 kula 及 gotra 即指般若波羅蜜多之 kula 及 gotra（其意即云：般若波羅蜜種姓及般若波羅蜜多族）。

拙意認為，若參考下第 147 頌，則實可知 rgyud 非指種姓之相續，依妙吉祥義，此所指實為「傳承」。此見下頌即知。

（二）末句，梵 saṃbhoga-kāya，意為「受用身」，藏譯 longs spyod rdzogs sku，則為「圓滿受用身」，諸漢譯皆與梵典順，唯西夏譯則與藏譯同。今從梵典。

147 **化身亦為最勝身　　受持諸化佛傳承**[373]
周遍十方而化現　　隨宜世間作義利[374]

【梵校】

頌 147 梵文為：

nirmāṇa-kāyo kāyāngryo buddha-nirmāṇa-vaṃśa-dhṛk/
daśa-dig-viśva-nirmāṇo yathāvaj-jagad-artha-kṛt//

[373] 梵文 vaṃśa，解作「竹」，以「竹節」喻為「世代」，有「祖譜」、「血統」之意。釋智譯作「種姓」，似誤。餘譯則譯失。

[374] 梵文 yathāvat，意為「應如」、「適當地」。此義深密。即指佛法身功德周遍一切界，一切法於相礙緣起中適應一切條件而自顯現。漢譯多譯失「應如」義。

【無畏譯記】

（一）第二句 buddha-nirmāṇa-vaṃśa-dhṛk，意為「持諸化佛之 vaṃśa」。藏譯 vaṃśa 則仍為上頌所出之 rgyud 一字。由是問題即可迎刃而解。梵 vaṃśa 雖一般解為「種族」，但實涵有「祖先譜系」之意。於佛法此即是「傳承」（第一代為某師、第二代又為某師之譜系）。故將前頌文之 gotra 譯為「傳承」，應無疑義。西夏於此譯為「本」，甚合，傳承即是本。

（二）梵典末句 yathāvat，直譯為「如……」，例如 yathāvad-bhāvikatā，即為「如所有性」。故全句 yathāvaj-jagad-artha-kṛt，意為「如其世間而作義利」，亦即此世間須何種義利，即為其作何種義利，是即以大平等性周遍一切情器世間作義利。藏譯 ji bzhin 同梵典義。漢譯中施護譯為「如理」；釋智譯為「依法」，稍曲。似應意譯為「隨宜」。

（三）化佛顯現，化佛又作世間義利，即顯「成所作」義。以下說天人等，同義，皆法身功德之「成所作」。

148 **天中天及諸天主　　天帝及阿修羅主**[375]
無滅天主與天師　　摧壞天摧壞天王

【梵校】

頌 148 梵文為：

devātidevo devendraḥ surendro dānavādhipaḥ/
amarendraḥ sura-guruḥ pramathaḥ pramatheśvaraḥ//

375 此四句梵文，對譯為「天中天、諸天主／天帝、阿修羅主／無滅天主、天師／摧壞天、摧壞天王」，漢譯不甚合。例如，沙囉巴譯「所有天中天、天主非天主、長生天主師、降魔大自在」及釋智譯「自在之天天中天、非天自在非天主、自在無滅天之師、作壞作壞即自在」，皆與梵典不符。

【無畏譯記】

（一）本頌承上「隨宜世間作義利」，故本頌即說種種世間。

（二）釋智於本頌，將梵典之「主」，「天帝」(surendra)等皆譯為「自在」，不可從。沙囉巴譯較合。

（三）梵典首句 devendra，意為「諸天之主」，通常用以指帝釋天。但妙吉祥友認為指「都史陀」天主，月官則說為指「昆紐天」。此等開合詳見於其釋論，不贅。

149 渡過三有之荒野[376]　唯一導師眾生師
世間十方名稱遍　是為廣大法施者

【梵校】

頌 149 梵文為：

uttīrṇa-bhava-kāntāra ekaḥ śāstā jagadguruḥ/
prakhyāto daśa-digloka-dharma-dānapatir mahān//

376 此句梵文為 uttīrṇa-bhava-kāntāra，直譯為「渡／有／荒野」。意為「渡過〔三〕有之荒野」。而釋智譯則有「寂靜」一詞，不見於梵典。

【無畏譯記】

（一）梵典首句，宜從馮校，與藏譯亦順。釋智譯為「三有寂靜令超越」，乃誤解。其餘無甚歧異。

150 **具慈擐甲作莊嚴　具悲鎧甲披甲者**[377]
以般若劍及弓箭　作離煩惱無智戰[378]

【梵校】

頌 150 梵文為：

maitrī-saṃnāha-saṃnaddhaḥ karuṇā-varma-varmitaḥ/
prajñā-khaḍga-dhanur-bāṇaḥ kleśājñāna-raṇaṃ jahaḥ//

[377] 本頌首二句，首句說 maitrī「慈」，次句說 karuṇā「悲」，但漢譯多將首句譯為「以慈悲二法」、「以大慈悲法」等。

[378] 梵文 jaha，解作「捨」、「離」等。但一般漢譯皆譯作「破」、「滅除」。此處疑指於智識雙運界中，自然捨離一切煩惱戲論，以其皆為識境自顯現，實不用滅除，故 jaha 應譯為「離」。

【無畏譯記】

（一）梵典首句 saṃnāha-saṃnaddha 二字皆可解為「鎧甲」、「莊嚴」，等如是同義詞。然加以語法分別，此可譯為「擐甲莊嚴」，全句意為「具慈擐甲作莊嚴」。「擐甲」者，即穿上鎧甲，如是方合梵典原文。

（二）第二句，梵 karuṇā-varma varmitaḥ，若直譯則為「悲／盔甲／著盔甲」。上句說「慈」，此句說「悲」。

（三）末句，jaha 宜依馮校，解作「離」，全句謂由爭戰以離煩惱、無智。

151 勇猛降魔魔之敵　　四魔怖畏能除去
一切魔軍能降伏　　世間導師正覺者[379]

【梵校】

頌 151 梵文為：

mārārir mārajid vīraś catur-māra-bhayānta-kṛt/
sarva-māra-camū-jetā saṃbuddho loka-nāyakaḥ//

379 梵文 loka-nāyaka，直譯為「世間導師」，沙囉巴與釋智則意譯為「救世間」。施護與金總持則譯失。

【無畏譯記】

（一）承上頌說離煩惱、無智之爭戰，本頌即說降魔。

（二）第一句，梵 jid，意為「戰勝」，藏譯 'dul ba，意為「調伏」。漢譯中施護亦譯「調伏」。沙囉巴譯「降伏」、釋智譯「能降」可見諸譯之意譯旨趣。今亦取意譯，於語法上較方便。

（三）第四句，梵典 loka-nāyaka，意為「世間導師」、「世間領導」。沙囉巴與釋智譯為「救世間」、西夏譯「救世」，皆取意譯。藏譯 'jig rten 'dren，可譯為「世間引導者」，與梵典全同。

152 應禮應供應恭敬　是應恆常受承侍
最受尊敬及尊崇　皈依最殊勝上師

【梵校】

頌 152 梵文為：

vandyaḥ pūjyo 'bhivādyaś ca mānanīyaś ca nityaśaḥ/
arcanīya-tamo mānyo namasyaḥ paramo guruḥ//

（此頌無梵校）

【無畏譯記】

（一）本頌總結上來諸頌，說應承事、供養具如是智慧與功德之妙吉祥智慧勇識。沙囉巴及釋智譯皆大致與梵典、藏譯相順。（唯釋智將第三句譯為「應供詠處最殊勝」，其「詠處」一詞太曲。）

153 一步能遊於三界　　如空無邊而跨步[380]
淨行者具三明淨[381]　　具六神通六隨念[382]

【梵校】

頌 153 梵文為：

trai-lokyaika-krama-gatir vyomaparyanta-vikramaḥ/
traividyaḥ śrotriyaḥ pūtaḥ ṣaḍabhijñaḥ ṣaḍanusmṛtiḥ//

[380] 此句梵文 vyomāparyanta-vikramaḥ，對譯為「如空／無邊際／跨步」。沙囉巴譯「遍伏虛空界」、釋智譯「如空無邊實鎮押」，將 vikrama 譯為「伏」、「鎮押」。vikrama 雖亦可意為「勇猛」，但於此處則不宜。

[381] 梵文 śrotriya，意為「博學婆羅門」、「淨行婆羅門」，但沙囉巴及釋智譯為「無垢」、「清淨」等，乃誤。

[382] 此句梵文 ṣaḍ-abhijñaḥ ṣaḍ-anusmṛtiḥ，即「六神通、六隨念」。施護譯「六通六念」最準。沙囉巴譯「六道六念等」，疑「道」應為「通」之誤、釋智譯「具六神通隨六種」等都不甚準確。

【無畏譯記】

（一）梵典第二句 vikrama，意為「跨步」、「權威」，此兩義可互相發明。藏譯注重「權威」義，譯為 gnon，意為「壓制」，由是釋智即據此譯為「鎮押」。但若據梵典，此實應作「跨步」解，且藏譯之 gnon，實亦有重步壓於地上之引伸義，故宜譯為「跨步」。

（二）第三、四句，出三個名詞：三明（trai-vidya）；六神通（ṣaḍ-abhijña）；六隨念（ṣaḍ-anusmṛti）。月官分別釋為：有、無、無二等為三明；天眼、天耳、他心、宿命、神境、漏盡通等為六通；念佛、念法、念僧、念戒、念捨、念天等為六隨念。妙吉祥友疏，則以三智為三明。

154 **菩提薩埵大勇識　具大神足超世間**[383]
成就般若波羅蜜　能達般若如如性[384]

【梵校】

頌 154 梵文為：

bodhisattvo mahāsattvo lokātīto maharddhikaḥ/
prajñā-pāramitā-niṣṭhaḥ prajñā-tattvatvam āgataḥ//

[383] 梵文 maharddhika，可譯為「大神通」、「大神足」。施護譯「威力」及沙囉巴譯「神通」稍欠準確。

[384] 梵文 tattvatvam，宜從沙囉巴所譯而譯為「如如性」。餘譯則譯失。

【無畏譯記】

（一）梵典首句 bodhisattvo-mahāsattvo，通常皆譯為「菩薩摩訶薩」，施護及沙囉巴即如是譯。釋智譯為「菩提勇識大勇識」是將「勇識」對譯 sattva，一般密續多取此譯。唯「菩提薩埵」、「菩薩」已成通行繙譯，若說「菩提勇識」則讀者未必知此名詞即說「菩薩」，拙見，不如折衷譯為「菩提薩埵大勇識」。

（二）梵典次句之 maharddhika，可解為「大神通」亦可為「大神足」。依月官及妙吉祥友二尊者所說，應譯為後者。

（三）末句 tattvatvam，宜依馮偉強校，譯為「如如性」。

155 **一切自明與他明**[385] **勝數取趣利一切**[386]
超越一切諸譬喻 **能知所知殊勝主**[387]

【梵校】

頌 155 梵文為：

ātma-vit paravit sārvaḥ sarvīyo hy agra-padgalaḥ/
sarvopamām atikrānto jñeyo jñānādhipaḥ paraḥ//

385 此句梵文 ātma-vit paravit sārvaḥ，意為「一切自明 / 他明」，施護譯「一切我自在」、沙囉巴譯「自他覺圓滿」、釋智譯「一切自明令他明」皆似是而非。

386 此句梵文 sarvīyo hy agra-padgalaḥ，對譯為「利益一切 / 最上補特伽羅」，漢譯多只作略譯。

387 此句梵文 jñeyo jñānādhipaḥ paraḥ，對譯為「能知 / 所知 / 殊勝主」，施護及沙囉巴譯為「智所不能知」，欠妥。

【無畏譯記】

（一）本頌難譯在第二句，梵典為 sarvīyo hy agra-padgalaḥ，意為「最上補特伽羅利益一切」。此「補特伽羅」可意譯為「數取趣」，指數數取輪迴者而言，故不限於人。菩薩稱為「最上補特伽羅」者，以其不取涅槃，仍數數輪迴以利益世間，且不限於一世間，故言「利益一切」。此義受字數限制甚難繙譯。

（二）頌文三次出現「一切」，即言周遍一切情器世間，顯「成所作」之大平等性。以能了知一切有境與一切境（自明、他明）；以能周遍利益一切界；以能超越一切假施設（譬喻），故讚之為「能知所知殊勝主」。

156 是為最上法施主　宣說四種手印義
為行三出離種姓[388]　作諸世間承侍主

【梵校】

頌 156 梵文為：

dharma-dānapatiḥ śreṣṭhaś catur-mudrārthadeśakaḥ/
paryupāsyatamo jagatāṃ niryāṇa-traya-yāyinām//

[388] 此句梵文 niryāṇa-traya-yāyinām，對譯為「出離／三／遊行」，意為「遊行於三出離」。此與諸漢譯異。

【無畏譯記】

（一）末句梵典 niryāṇa-traya-yāyinām，諸漢譯多取意譯，唯釋智依藏譯而譯，作「決定所入三種姓」，但實亦與藏譯不順（如前，釋智將「出離」譯為「決定」）。

（二）西夏譯將第三、四句之句序對調，合。漢譯其實亦應如是始合語法。此兩句意云：「遊行於三種出離之種姓，以（妙吉祥）為諸世間中承侍主」。是故句序互調較順。（於文法結構上，此兩句則實以妙吉祥為主詞。故直譯即為「〔妙吉祥〕為遊行於三種出離之種姓，作諸世間承侍主」）。

三種出離指聲聞、緣覺、菩薩三乘。故本頌即有三乘歸於一乘之義。

157 **勝義清淨具吉祥**[389]　**廣大三界之勝福**
一切圓滿皆吉祥[390]　**最勝吉祥妙吉祥**[391]

上來成所作智十五頌。

// kṛtyanuṣṭhana-jñāna-gāthāḥ pañca-daśa //

【梵校】

頌 157 梵文為：

paramārtha-viśuddhaśrīs trailokya-subhago mahān/
sarvasampatkaraḥ śrīmān mañjuśrīḥ śrīmatāṃ varaḥ//

389 漢譯多譯失 śrī（吉祥）。

390 此句梵文 sarva-sampat-karaḥ śrīmān。sampad 應譯作「圓滿」。以智境中一切識境自顯現於相礙緣起中皆任運成就而圓滿，故此句可譯為「諸圓滿作皆吉祥」。

391 此句梵文 mañjuśrīḥ śrīmatāṃ varaḥ，對譯為「妙吉祥 / 最勝吉祥」，此句以 mañjuśrī「妙吉祥」之名作結。釋智將其音譯為「曼祖悉哩」，而施護及沙囉巴則意譯為「妙德勝」。

【無畏譯記】

（一）本頌總讚「吉祥」，是即讚於智境中自顯現之一切識境。如來讚「成所作」，亦即讚如來法身功德。

首句「勝義清淨」即說法身。復言「具吉祥」即說其功德。其後三句說成就一切世間。此已說清淨大平等性。

（二）第三句，宜依馮校，將 sampad 解為「圓滿」。

丙　後行讚如來智

158 **勝施金剛我皈依　　真實邊際我皈依**
於空性藏我皈依[392]　**諸佛正覺我皈依**

【梵校】

頌 158 梵文為：

namas te varada-vajrāgrya bhūtakoṭi namo ’stu te/
namas te śūnyatā-garbha buddhabodhi namo ’stu te//

[392] 梵文 śūnyatā-garbha，即「空性藏」，漢譯多只譯為「空性」。

【無畏譯記】

（一）由本頌起連續五頌，分別讚如來五智，總結上來五品說轉五識成五智。

（二）本頌梵典每句皆有 te（汝），是即義為「皈依於汝」，漢譯通常改為「我皈依」。釋智之「我敬禮」即循漢譯傳統而來，西夏譯則作「汝」。隨順梵典，但亦可能受藏譯 khyod ‘dud（敬禮於汝）之影響。

梵 varada 可譯為「勝施」，亦可譯為「施願」。釋智用前者，施護用後者。

（三）第三句「空性藏」，此詞已見於前，於此處依月官釋，謂指於無生中有種種出生。

（四）本頌讚清淨法界智。又於「皈依」一詞，梵典有多種表達。分別為 namas te（皈依汝）；namo ’stu te（誠心皈依汝）；namas te ’stu（同上）；namo nama（頂禮皈依）；namas tu-bhyaṃ（敬畏皈依汝），今為字數限制，一律譯為「我皈依」。

159 **諸佛貪樂我皈依**[393] **諸佛色身我皈依**[394]
諸佛欣悅我皈依 **諸佛遊戲我皈依**[395]

【梵校】

頌 159 梵文為：

buddha-rāga namas te 'stu buddhakāya namo namaḥ/
buddhaprīti namas tubhyaṃ buddhamoda namo namaḥ//

[393] 梵文 rāga，一般譯為「貪」，但於此宜譯為「貪樂」，以此即示佛之後得。

[394] 梵文 buddha-kāya，即「佛色身」，施護譯為「佛智身」，乃誤。頌 162 才說「智身」。又，另有梵文版本為 buddha-kāma，即「佛欲樂」，故沙囉巴譯為「佛所欲」，釋智譯為「正覺欲者」。

[395] 梵文 buddhamoda，即「佛喜悅」，唯釋智譯為「正覺戲論」，乃誤。

【無畏譯記】

（一）本頌讚大圓鏡智，故讚智境中自顯現之識境，由是讚「諸佛所貪」等等。

（二）首句，梵 rāga，宜依馮校譯為「貪樂」，沙囉巴譯為「佛所愛」，此「愛」即「貪樂」，優於釋智之「正覺貪著」，以「貪著」未顯「樂」義。施護譯為「愛樂」，則未顯「貪」義。

（三）次句，buddha-kāya，意為「佛色身」，由法身示現為報、化二種色身，是識境中殊勝顯現。

（四）末句，釋智譯之「正覺戲論」，乃誤解藏譯之 rol la（遊戲）。此以識境中一切皆為遊戲，非「戲論」義。

160 **諸佛微笑我皈依　　諸佛戲語我皈依**[396]
諸佛正語我皈依　　諸佛有法我皈依[397]

【梵校】

頌 160 梵文為：

buddha-smita namas tubhyaṃ buddhahāsa namo namaḥ/
buddha-vāca namas te 'stu buddhabhāva namo namaḥ//

[396] 梵文 hāsa，漢譯譯其為「大笑」、「喜笑」、「笑者」等。但另有梵文版本錄為 -bhāsa，即「光輝」、「照耀」。

[397] 梵文 buddhabhāva，即「諸佛有法」，唯沙囉巴譯為「諸佛心」，釋智譯為「正覺心者」，未知是否另有不同梵文版本。

【無畏譯記】

（一）本頌讚妙觀察智，故重於讚如來法身中自顯現之「語」。頌中 smita（微笑）、hāsa（戲語）、vāca（正語）等皆顯此義。

（二）上來 hāsa 一詞，諸譯皆譯其為「笑」，然此詞實有「開玩笑而笑」之意，故宜譯為「戲語」。佛所說法施設為識境中名言而說，非佛內自證之真實，故為「戲語」。月宮釋此為「增益」，施設名言即是增益，故可視為意譯。

161 由無而生我皈依　　從佛因生我皈依
由虛空生我皈依　　從智因生我皈依[398]

【梵校】

頌 161 梵文為：

abhavodbhava namas te 'stu namas te buddhasaṃbhava/
gaganodbhava namas tubhyaṃ namas te jñānasaṃbhava//

[398] 此四句，說及 abhavodbhava（從無而現）、buddha-sambhava（以佛而生）、gaganodbhava（自虛空生）、jñāna-sambhava（以智而生），漢譯中，以沙囉巴譯最合。餘譯則不合意。

【無畏譯記】

（一）本頌讚平等性智。故讚周遍一切界之自顯現識境。此有四義：一者 abhavodbhava，意為「自無有而顯現」，可譯為「無生」，沙囉巴譯為「從無而生」，合。二者，buddha-sambhava，意為以佛為因而生，或從「佛因」生，沙囉巴譯為「諸佛生」，合。三者，gaganodbhava，意為從虛空生，沙囉巴譯「虛空生」，合。四者，jñāna-sambhava，意為以智為因而生，或從「智因」生，沙囉巴譯為「智所生」，合。餘漢譯皆失。尤其釋智譯為「出現無者」、「出現正覺」、「出現虛空」、「出現智者」，易令讀者誤解，以為出現了一個「無」等等，而非由「無」出現（生起）。

從「佛因」生、從「智因」生，皆顯示一切界識境皆為如來法身之自顯現。由是顯如來藏義。

162 於幻化網我皈依　　諸佛戲舞我皈依[399]
一切一切我皈依　　〔如來〕智身我皈依

上來讚五如來智五頌。

// iti pañca-tathāgata-jñāna-stuti-gāthāḥ pañca //

【梵校】

頌 162 梵文為：

māyājāla namas tubhyaṃ namas te buddhanāṭaka /
namas te sarva sarvebhyo jñānakāya namo ’stu te//

[399] 梵文 nāṭaka，意為「舞」，釋智譯作「顯論」，誤。

【無畏譯記】

（一）本頌讚成所作智、讚幻化網即讚周遍一切界識境，以此識境為幻化網。其餘頌義易知。

（二）第二句，釋智譯「正覺顯論」，實誤解藏譯 rol ston（示現）而譯，彼將「示現」解為「顯」，又不知何故加一「論」字。此 rol ston 又可解為「遊戲」與梵典 nāṭaka 對應，此 nāṭaka 意為「舞」，前已說「舞」即「遊戲」，故知此處藏 rol ston 不解為「示現」。

正文

長行

長行

【譯按：根本頌畢，復有長行稱讚妙吉祥真實名誦之六輪功德，及咒鬘與結頌。現依 Davidson 所錄之梵文本，參考四個漢譯本迻譯如下。並附其梵文。由於漢譯岐異多，且省畧太甚，是故此節不作梵較。】

甲 六輪功德

一 第一輪功德

如是金剛手、金剛持。此妙吉祥智勇識之不共清淨真實名誦，是世尊智化身、一切如來智身。能令汝生起無上歡喜、淨信大喜悅。能清淨身語意〔三〕密。於〔諸〕地波羅蜜多及福德智慧〔二〕資糧，若未圓滿未清淨，能令得圓滿清淨。能證所未證無上義。能得所未得。乃至能攝持一切如來正法眼藏。是故我今宣說、廣說、開顯、開示〔此真實名誦〕，以作攝受。金剛手、金剛持，〔我〕以一切密咒法性，令汝〔心〕相續能得攝受。

上來第一輪功德之十一句

// prathamacakrasyêyam anuśaṃsā tatpadāny ekādaśa //

此節梵文為：

iyam asau vajrapāṇe vajradhara bhagavato jñānamūrteḥ sarvatathāgata-jñānakāyasya mañjuśrījñānasattva-syâveṇika-pariśuddhā nāmasaṃgītiḥ/ tavânuttara-prīti-prasāda-mahaudbilaya-saṃjananārthaṃ kāyavāṅmanoguhya-pariśuddhyai/ aparipūrṇāpariśuddha-bhūmi-pāramitā-puṇya-jñāna-saṃbhāra-paripūri-pariśuddhyai/ anadhigatānuttarārtha-syâdhigamāya/aprāptasya prāptyai/ yāvat sarva-tathāgata-saddharmanetri-saṃdhāraṇārthaṃ ca mayā deśitā saṃprakāśitā ca vivṛttā vibhajitôttanīkṛtā adhiṣṭhitā cêyaṃ mayā vajrapāṇe vajradhara tava saṃtāne sarvamantra-dharmatādhiṣṭhānenêti//

二　第二輪功德

復次，金剛手、金剛持，此真實名誦，最極清淨明淨。此即一切種智身語意〔三〕密之真實，是一切諸如來之正覺菩提、是正等正覺所現證。一切善逝趣入法界，即是一切無上如來。是能降伏一切魔羅力之最勝，其十力之力，即一切十力；其一切種智，即一切一切種智。是一切佛法教勅，為一切諸佛所圓證。是一切大菩薩無垢清淨積聚福德智慧〔二資糧〕之圓成；是一切聲聞與辟支佛之生處。成就一切天人之國土，大乘之所依，菩薩行之生因，正智道之究竟。是解脫之試金石[1]，出離道之生處，如來傳承之不斷，增盛大菩薩之種姓及傳承。能調伏一切諸邪師，摧壞一切諸外道，降伏四魔諸軍，攝受[2]一切諸有情。一切行於出離道者能於聖道成熟，能等持住四梵行，於禪定得心一境性。能精勤於身語意之相應，即離一切結使縛[3]，能捨離一切煩惱隨煩惱，寂息一切諸障礙，解脫一切枷鎖，從一切諸蘊中度脫，寂滅一切散亂心。是一切繁盛之生所，能減退一切衰毀，遮蓋一切惡趣門，是往解脫城之正道。不入輪迴輪。能轉法輪，以樹立如來正教之傘蓋與幢旗。能攝持一切教法，疾速圓成諸菩薩行密咒門之所行。精勤般若波羅蜜多，得住於所證；住無二見而精勤修習者得通達空性。能成熟一切波

1　另有梵本作 parīkṣā vimuktīnām，即解脫之抉擇。

2　遊戲金剛（Vilāsavajra）釋「攝受」為「四攝受」，分別為：布施 dāna、愛語 priyavāditā、利行 arthacaryā、同利 samānārthatā。

3　遊戲金剛與無垢友釋「結使」saṃyojana 為：貪 anunaya、瞋 pratigha、慢 māna、無明 avidyā、見 dṛṣṭi、執取 parāmṛśa、疑 vicikitsā、妒 īrṣyā、慳 mātsarya。

此節梵文為：

punar apraṃ vajrapāṇe vajradhara/ iyaṃ nāmasaṃgītiḥ suviśuddha-paryavadāta-sarva-jñājñana-kāyavāṇmoghuyabhūtā/ sarva-tathāgatānāṃ buddhabodiḥ/ samyaksaṃbuddhānām abhisamayaḥ/ sarva tathāgatānām anuttaraḥ/ dharmadhātugatih sarva-sugatānāṃ/ sarva-marābalaparājayo jinānāṃ/ daśa-balabalitā sarva-daśabalānāṃ/ sarva-jñatā sarva jñasya jñānānāṃ/ āgamaḥ sarva-buddha-dharmāṇāṃ/ samudāgamaḥ sarvabuddhāṇāṃ/ vimalasupariśuddha-puṇya-jñāna-saṃbhāraparipśriḥ sarva-mahābodhisattvānāṃ/ prasūtiḥ sarva-śrāvaka-pratyeka-buddhānāṃ/ kṣetraṃ sarva-devamanuṣya-saṃpatteḥ/ pratiṣṭhā mahāyānasya/ saṃbhavo boddhisattva-caryāyāḥ/ niṣṭhā samyagārya-mārgasya/ nikaṣo vimuktīnām/ utpattir niryāṇamārgasya/ anucchedas tathāgata-vamśasya/ pravṛddhir mahābodhisattva-kulagotrasya/ nigrahaḥ sarva-parapravādināṃ/ vidhvaṃsanaṃ sarva-tīrthikānāṃ/ parājayaś caturmāra-bala-camūsenānāṃ/ saṃgrahaḥ sarva-sattvānāṃ/ āryamārgaparipākaḥ sarva-niryāṇa-yāyināṃ/ samādhiś catur-brahma-vihāra-vihāriṇāṃ/ dhyānam ekāgracittānāṃ/ yogaḥ kāyavāṅmano'bhiyuktānāṃ/ visaṃyogaḥ sarva-saṃyojanānāṃ/ prahāṇaṃ sarva-kleśopakleśānāṃ/ upaśamaḥ sarvāvaraṇānāṃ/ vimuktiḥ sarvabandhanānāṃ/ mokṣaḥ sarvopadhīnāṃ/ śāntiḥ sarvacittopaplavānām ākaraḥ sarvasaṃpattīnāṃ/ parihāṇiḥ sarvavipattīnāṃ/ pithanaṃ sarvāpāya-dvārāṇāṃ/ satpatho vimuktipurasya/ apravṛttiḥ saṃsāracakrasya/
pravartanaṃ dharmacakrasya/ ucchritac-chatra-dhvaja-patākās tathāgata-śāsanasya/ adhiṣṭhānaṃ sarva-dharma-deśanāyāḥ/

羅蜜多資糧，能圓滿一切地之波羅蜜多得極清淨。能通達正等四聖諦，於四念住等一切法，能心一境性而通達。此真實名誦，乃至能圓滿一切諸佛功德。

上來第二輪功德之五十二句

// dvitīyacakrasyêyam anuśaṃsā tatpadāni dvāpañcāśat //

kṣipra-siddhir mantra-mukha-caryā-cāriṇāṃ bodhisattvanāṃ/ bhāvanādhigamaḥ prajñāpāramitābhiyuktānāṃ/ śūnyatāprativedhaḥ advaya-prativedha-bhāvanābhiyuktānāṃ/ niṣpattiḥ sarva-pāramitāsaṃbhārasya/ pariśuddhiḥ sarva-bhūmi-paramitāparipūryai/ prativedhaḥ samyak-caturāryasatyānāṃ/ sarva-dharma-ikacitta-prativedhaḥ catuḥ-smātyupasthānānāṃ/ yāvat parisamāptiḥ sarva-buddhaguṇānām iyaṃ nāmasaṃgītiḥ//

三　第三輪功德

復次，金剛手、金剛持，是故此真實名誦，能滅除一切有情無餘身語意行之諸惡罪；能清淨一切有情之一切惡墮，障蔽一切諸惡趣；能斷除一切諸業障。能令一切八無暇處之所生不生；能滅除八大怖畏；能驅一切惡夢；能除一切惡相；能滅除一切惡兆與違緣；能令一切魔業遠離，增長一切善根與福德。能令一切非理作意不生，能調伏一切貢高我慢與增上慢。能令一切苦難憂愁不生。此乃一切如來之真實心，一切菩薩之真實密，一切聲聞及辟支佛之真實大密，一切手印與密咒之真實。令論師對一切不可言說之法生起正念與正知，能得對無上般若之了解智。亦能具足無患諸力自在；能增長吉祥、端嚴、寂靜、妙善；得榮譽、聲望、讚嘆與稱揚。能息一切病患與大怖畏。是諸極清淨中之最極清淨，諸極淨除中之最極淨除。是諸豐滿中最豐滿，諸吉祥中最吉祥。乃諸欲皈依者之皈依處，諸欲休息者之休息處，諸欲庇護者之庇護所，亦是無依怙者之依怙處，是諸欲洲之真實洲。乃無依仗者之無上真實依仗，渡〔三〕有大海到彼岸之真實舟船。乃真實大藥王（mahābhaiṣajya-rāja），能除一切病苦；是真實智，能取捨諸有辨別。是真實智光，能照破一切暗蔽惡見。是真實如意寶，能令一切有情如其意樂與願望而得圓滿。是一切智之真實智，能證得妙吉祥智身，得五眼而真實照見清淨智。能以財施、無畏施、法施而真實圓滿六波羅蜜多。能圓滿福德智慧〔二〕資糧，入三摩地而真實證得〔次第〕十地。是離二法之不二法性。是與形相不異之如，即是捨離增益之法性。是究竟真實相，即清淨如來智身之自性，以一切相具大空性

此節梵文為：

punar apraṃ vajrapāṇe vajradhara iyaṃ nāmasaṃgītiḥ sarva-sattvānāṃ aśesa-kāyavāṇmanaḥ-samudācāra-pāpa-praśamanī/ sarvasattvānāṃ sarvāpāyānāṃ viśodhanī/ sarva-durgati-nivāraṇī/ sarva-karmavaraṇānāṃ samucchedanī/ sarvāṣṭākṣaṇa-samutpādasyânutpādakarī/ aṣṭamahābhaya-vyupaśamanakarī/ sarva-duḥ-svapna-nirnāśanī/ sarva-durnimitta-vyapohanakarī/ sarva-duḥ-śakuna-vighna-vyupaśamanakarī/ sarva-mārāri-karma-dūrīkaraṇī/ sarva-kuśala-mūlapuṇ-yasyôpacayakarī/ sarvayoniśomanaskārasyânutpādakarī/ sarva-madamāna-darpāhaṃkāra-nirghātanakarī/ sarva-duḥkha-daurmanasyānutpādanakarī sarvatathagatānāṃ hṛdayabhūtā/ sarvabodhisattvānāṃ guhyabhūtā/ sarva-śrāvaka-pratyeka-buddhānāṃ rahasyabhūtā/ sarva-mudrāmantrabhūtā/ sarva-dharmānabhilāpya-vādināṃ/ smṛti-saṃprajanya-saṃjanani/ anuttara-prajñāmedhākarī/ ārogya-bala-iśvarya-saṃpatkarī/ śrī-subha-śānti-kalyāṇa-pravardhanakarī/ yaśaḥ-śloka-kīriti-stuti-saṃprakāśanakarī/ sarva-vyādhi-mahābhaya-praśamanakarī/ pūtatarā pūtatarāṇāṃ/ pavitratarā pavitratarāṇāṃ/ dhanyatamā dhanayatamānāṃ/ māṇgalyatamā sarva-māṇgalyatamānāṃ/ śaraṇaṃ śaraṇārthināṃ/ layanaṃ layanārthināṃ/ trāṇaṃ trāṇārthināṃ/ parāyaṇam aparāyaṇānāṃ/ dvīpabhūtā dvīpārthināṃ/ agatikānām anuttaragatikabhūtā/ yānapātra-bhūtā bhava-samudra-pāragāmināṃ/ mahābhaiṣajya-rāja-bhūtā sarva-vyādhi-nirghātanāya/ prajñābhūtā heyopādeya-bhāva-vibhāvanāyai/ jñānālokabhūtā sarva-tamo'ndhakāra-kudṛṣṭy-apanayanāya/ cintāmaṇibhūtā sarva-sattva-yathāśayābhiprāya-paripṇraṇāya/ sarva-jñajñānābhūtā mañjuśrī-jñāna-kāya-pratilambhāya/

形相，故能無餘破除惡見密林之路。此真實名誦，〔說〕一切不可言說法之真實，唯願以其無二法性義理故，其名能受護持與開顯。

上來第三輪功德之五十二句

// tṛtīyacakrasyêyam anuśaṃsā tatpadāni dvāpañcāśat //

pariśuddha-jñānā-darśanabhūtā pañca-cakṣuḥ-pratilambhāya/ ṣaṭ-pāramitāparipūribhūtā āmiṣābhaya-dharma-dānotsarjanatayā/ daśa-bhūmi-pratilambha-bhūtā puṇya-jñāna-saṃbhāra-samādhi-paripūraṇatayā/ advayadharmatā dvayadharma-vigatatvāt/ tathatā-rūpatānanya-dharmatūdhyāropa-vigatatvāt/ bhūtā-koṭirūpatā-pariśuddha-tathāgata-jñāna-kāya-svabhāvatayā/ sarvākāra-mahā-śūnyatā- rūpatā aśeṣa-kudṛṣṭi-gahana-gati-nirghātanatayā/ sarvadharmānabhilāpya-bhūtā nāmasaṃgītir yad utâdvaya-dharmatārthaṃ nāma-saṃdhāraṇa-prakāśanatayêti//

四　第四輪功德

復次，金剛手、金剛持，若有善男子善女人，行密咒門之所行，〔當知〕此真實名誦，乃世尊妙吉祥智勇識、一切如來智身、智化身無二之第一義。此名如頂髻之摩尼寶珠，具足圓滿，無退減亦無遺漏。應日日三時無遺受持此頌、句、表義，且能念誦、善解、如理正思惟，復適時應理，〔為他人〕依各各名而說其一名，或說他名，於心一境性中，以妙吉祥智身為所緣境。由思擇而信解於真性，住於普門行，通達一切法，通徹最勝、無垢之般若，具足淨信。行於三世無世之一切佛與菩薩當皆來會集，向彼〔善男子善女人〕顯示一切法門、顯示形相。復有難調能調者（durdāntadamakāś）、大金剛持（mahāvajrahdharā）所現之大忿怒王（mahākrodharājāna），真實救護諸有情，化現種種色身，以顯示其精氣力、威神力，無能勝力；顯示現證種種方便之一切密咒、手印、壇城。復有無餘密咒明王（mantra-vidyārājñ ya），作一切魔障之頻那夜迦（vināyaka）、與愛神作敵之大母（mahā-pratyaṅgirā）及大無能勝（mahā-parājitāḥ）等，於晝夜一一剎那，以一切威儀作守護、救護與密護。得一切諸佛菩薩加持，以其一切身語意於〔彼〕相續作正加持。以一切諸佛菩薩之饒益作饒益，令〔彼〕於一切法無畏且辯才無礙，向〔彼〕顯示，對一切阿羅漢、聲聞、辟支佛之聖法，具愛樂之身相。復有梵天（brahama）、帝釋天（indra）、近主（upendra）、暴惡天（ruda）、那羅延天（nārāyaṇa）、普施童子（santkumāra）、大自在天（maheśvara）、迦哩底

此節梵文為：

punar aparaṃ vajrapāṇe vajradhara yaḥ kaścit kulaputro vā kuladuhitā vā mantra-mukha-caryācārī imāṃ bhagavato mañjuśrī-jñānasattva sarvatathāgata-jñānakāyasya jñānamūrter advaya-paramārthāṃ-nāmasaṃgītiṃ nāmacūḍā-maṇiṃ sakala-parisamāptām anyūnām akhaṇḍām ebhir eva gāthāpada-vyañjanaiḥ praty-aham akhaṇḍaṃ triṣkālaṃ dhārayiṣyati vācayiṣyati pary-avāpsyati yoniśaś ca manasikariṣyati/ pare-bhyaś ca vistareṇa yathāsamayaṃ yathāyogyato yāvat saṃprakāśayiṣyati pratyekaṃ cânyatamānyataman-nāmārthaṃ/ mañjuśrī-jñānakāyam ālambanīkṛtya ekāgramānaso bhāvayiṣyati/ adhimukti-tattva-manaskārābhyāṃ samanta-mukha-vihāravihārī sarvadharma-prativedhikayā paramayā anāvilayā prajñānuviddhayā śraddhayā samanvāgataḥ saṃstasya try-adhvānadhva-samaṅginaḥ sarvabuddhabodhisattvāḥ samāgamya saṃgamya sarva-dharma-mukhāny upadarśayiṣyanti/ ātmabhāvaṃ côpadarśayiṣyanti/ durdāntadamakāś ca mahākrodharājāno mahāvajrahdarādayo jagatparitrāṇabhūtā nānā-nirmāṇa-rūpakāyair ojobalaṃ tejo ’pradhṛṣyatāṃ sarva-mudrā-mantrābhisamaya-maṇḍalāny upadarśayiṣyanti/ aśeṣāś ca mantra-vidyārājñyaḥ sarva-vighna-vināyaka-mārāri-mahā-pratyaṅgirā-mahā-parājitāḥsarā-triṃdivaṃ pratikṣaṇaṃ sarveryāpatheṣu rakṣā-varaṇaguptiṃ kariṣyanti/ sarva-buddha-bodhisattvādhiṣṭhānaṃ kariṣyanti/ sarva-kāyavāṅmanobhis tasya saṃtane samyag adhiṣṭhāsyanti/ sarva-buddha-boddhisattvānugraheṇa cânugrahīṣyanti/ sarva-dharma-vaiśāradya-pratibhānaṃ côpasaśhariṣyanti/ sarvārhacchrāvaka-pratyeka-buddhārya-dharma-premāśayatayā

迦天（kārttikeya）、大黑天（mahākāla）、歡喜主（nandikeśvara）、閻魔天（yama）、水天（varuṇa）、毘沙門天（kuverav）、鬼子母（hārītī）等十方守護世間者，恆常晝夜不斷〔護持〕。若行、若住、若坐、若臥、若睡、若醒、若入定出定、若獨處群居，乃至於村邑、城市、聚落、原野、國土、王城之中、或於門廂、車道、大街、城門、巷陌、四衢道、三岔路、城邑間、市場、店鋪、小屋之中，乃至於舍宅、山澤、河流、森林、稠林〔等處〕；於不淨非不淨，昏沈掉舉〔等時〕，皆恆時以種種作最勝守護、救護與密護，且於晝夜作最勝妙樂。復次，天（deva）、龍（nāga）、夜叉（yakṣa）、尋香（gandharva）、非天（asura）、金翅鳥（garuḍa）、緊那羅（kiṃnara）、大腹行（mahoragā）[4]、人非人（manuṣyamanuṣyāś），或曜宿（graha-nakṣatra）、母天眾主（mātṛ-gaṇa-pati），或七母天（sapta mātara），或夜叉女（yakṣiṇī）、羅刹女（rakṣasī）、毘舍遮女（piśācyas），皆共其諸軍將眷屬俱，向彼作守護、救護與密護。又於彼身，注入精神力用，施與無病之力而令其延壽。

上來第四輪功德之十九句

// caturtha-cakrasyêyam anuśaṃsā tatpadāny ekonaviṃśati //

4　以上八者：天、龍、夜叉、尋香、非天、金翅鳥、緊那羅、大腹行，即天龍八部。

ātmabhāvaṃ côpadarśayiṣyanti/ ye ca brahamendropendra-ruda-nārāyaṇa-santkumāra-maheśvara-kārttikeya-mahākāla-nandikeśvara-yama-varuṇa-kuvera-hārītī-daśa-dig-loka-pālāś ca satatasamitaṃ sarātriṃdivaṃ gacchatas tiṣṭhataḥ śayānasya niṣaṇṇasya svapato jāgrataḥ samāhitasyâsamāhitasya ca ekākino bahujanamadhyagatasya ca yāvad grāma-nagara-nigama-janapada-rāṣṭra-rājadhānī-madhygata-syêndrakīla-rathyā-pratolī-nagaradvāra-vīthī-catvara-śṛṅgāṭaka-nagarāntarāpaṇa-paṇya-śālā-madhyagatasya yāvacchūnyāgara-girikandara-nadī-vana-gahanopagatasya ucchiṣṭasyūnucchiṣṭasya mattasya pramattasya sarvadā sarvathā sarvaprakāraṃ ca parāṃ rakṣā-varaṇaguptiṃ kariṣyanti ratriṃdivaṃ paraṃ svastyayanaṃ kariṣyanti/ ye cânye deva-nāga-yakṣa-gandharvāsura-garuḍa-kiṃnara-mahoragā-manuṣyamanuṣyāś ca ye cânye graha-nakṣatra-mātṛ-gaṇa-patayo yāś ca sapta mātaro yāś ca yakṣiṇī-rakṣasī-piśācyas tāḥ sarvāḥ sahitāḥ samagrāḥ sasainyāḥ saparivārāḥ sarve te rakṣā-varaṇaguptiṃ kariṣyanti/ paraṃ ca tasya kāye ojobalaṃ prakṣepsyanti/ ārogyabalam āyurvṛddhiṃś côpasaṃhariṣyanti//

五　第五輪功德

復次，金剛手、金剛持，若有於此如頂髻摩尼寶珠之真實名誦，日日無缺遺而作三次受持，住喉而轉；依經唸誦，以世尊妙吉祥智勇識形相為所緣境，於禪定中觀想其相，如是不久，即見其依於儀軌之形相身，其後，一切諸佛菩薩之種種化現身相，俱住於虛空。此大有情，於何時分、依何所作，永不墮入下道惡趣；永不生於卑賤種姓、永不生於邊地、永不生於下劣根性、永不生為諸根不具、永不生於邪見種姓、永不生於無佛住之佛國、永不生於〔其他〕捨離唯心能悟之佛所說法。永不生於長壽天中、永不生於飢饉、疾苦、刀兵災劫之中、永不生於五濁惡世。當永無畏於王難、怨難、盜難，當永無畏於不足與貧困。當永無畏於惡名、誹謗、辱罵、毀壞名聲。當永生於具足賢善之種姓；當永遍具端嚴色相、顏色美好；當永受諸世人所喜，所樂、所願親近及所願見。當永得福澤安康，言說為諸有情所重；無論往生於何處，生生世世當永知宿命；當永得大受用、大眷屬、無盡受用、無盡眷屬；當永於一切最勝有情中具足最勝功德。當永自然具足六波羅蜜多功德；當永住於四梵行；永具足正念、正智、方便、願力與智慧；永無畏於一切經論而能雄辯；永能言說清晰，睿智而非愚。永作善知識，無懈怠，離欲知足而作大義利；永成一切有情之無上信賴；永受尊崇為上師、親教師與師尊。昔所未聞之工巧、神通、星算等，其字句與義理，如見光影而現知。永能行於最清淨戒，而所行具足生機；善出家而永威儀圓滿；永無忘失於一切種智與大菩提心；永不

此節梵文為：

punar apraṃ vajrapāṇe vajradhara ya imāṃ nāmasaṃgītiṃ nāmacūḍāmaṇiṃ pratyaham akhaṇḍa-samādāntas triḥkṛtvā kaṇṭhagatām āvartayiṣyati/ pustaka-gatāṃ vā paṭhamānaḥ pravartaiṣyati/ bhagavato mañjuśrī-jñāna-sattvasya rūpam ālambayann anuvicintayaṃs tatrūpam anudhyāyan/ tam eva rūpakāyenâcirād eva dharmavinayam upādāya drakṣyati/ gagana-tala-gatāṃś ca sarva-buddhabodhisattvān nānā-nirmāṇa-rūpakāyaiḥ sahagatān drakṣyati/ na tasya mahāsattvasya jātu kadācit kathamapi durgatyapāya-patanaṃ ca bhaviṣyati/ nīcakulopapattir na bhaviṣyati/ pratyanta-janapadopapattir na bhaviṣyati/ na hīnendriyo bhaviṣyati/ na vikalendriyo bhaviṣyati/ na mithyādṛṣṭ ikulopapattir bhaviṣyati/ nâbuddheṣu buddhakṣetreṣûpapatsyate/ na buddhotpādataddeśita-dharma-vimukha-parokṣatā bhaviṣyati/ na ca dīrghāyuṣkeṣu deveṣûpapatsyate/ na ca durbhikṣa-roga-śastrāntara-kalpeṣûpapatsyate/ na ca pañcakaṣāyakāleṣûpapatasyate/ na ca rāja-śatru-caurabhayaṃ bhaviṣyati/ na ca sarva-vaikalya-dāridrabhayaṃ / na câślokābhyākhyāna-nindāyaśo 'kīritibhayaṃ bhaviṣyati/ sujātikulagotr asaṃpannaś ca bhaviṣyati/ samanta-prāsādika-rūpa-varṇa-samanvāgato bhaviṣyati/ priyo manāpa-sukha-saṃvāsapriyadarśanaś ca lokānāṃ bhaviṣyati/ śubha-saubhāgyādeya-vākyaś ca sattvānāṃ bhaviṣyati/ sa yatra yatrôpapatsyate tatra tatra jātau jātau jātismaro bhaviṣyati/ mahābhogo mahāparivāro 'kṣayabhogo 'kṣayaparivāro bhaviṣyati/ agraṇīḥ sarvasattvānām agra-guṇa-samanvāgato bhaviṣyati/ prakṛtyā ca ṣaṭpāramitāguṇaiḥ samanvāgato bhaviṣyati/ catur-bhrama-vihāra-vihārī ca bhaviṣyati/ smṛti-saṃprajanyopāyabala-praṇidhi-jñānaiḥ

趣入聲聞、阿羅漢、辟支佛所入之禁戒。

上來第五輪功德之五十一句

// pañcamacakrasyêyam anuśaṃsā tatpadāny ekapañcāśat //

samanvāgataś ca bhaviṣyati/ sarva-śāstraviśārado vāgmī ca bhaviṣyati/ spaṣṭavāg-ajaḍa-paṭumatir bhaviṣyati/ dakṣo 'nalasaḥ saṃtuṣṭo mahārtho vitṛṣṇaś ca bhaviṣyati/ paramaviśvāsī ca sarvasattvānāṃ bhaviṣyati/ acāryopādhyāya-gurūṇāṃ ca saṃmato bhavati/ aśrutapūrvāṇi ca tasya śilpa-kalābhijñā-jñānaśāstrāṇi cârthato granthataś ca pratibhāsam āgamiṣyati supariśuddha-śīlā-jīvasamudācāra-cārī ca bhaviṣyati/ supravrajitaḥ sūpasaṃpannaś ca bhaviṣyati/ apramuṣita-sarva-jñatā-mahābodhicittaś ca bhaviṣyati/ na jātu śrāvakārhatpratyekabuddha-niyāmāvakrāntigataś ca bhaviṣyati//

六　第六輪功德

如是，金剛手、金剛持，行密咒門之所行，永具無量功德；亦永具無量如是品類、如是生起之功德聚。不久，金剛手、金剛持，此受持最勝義〔真實〕名誦之勝男子，以善積聚福德智慧〔二〕資糧故，疾速具足諸佛功德，現證無上正等正覺。以此無量善妙究竟涅槃法，為一切有情作無上說法者。受灌頂而成法王，其正法鼓聲〔響遍〕十方。

上來第六輪功德之無量句

// ṣaṣthacakrasyânuśaṃsā tatpadāny aprameyāṇi //

此節梵文為：

evaṃ vajrapāṇe vajradhara aprameya-guṇa-samanvāgato 'sau mantra-mukha-caryācārī bhaviṣyati/ anyaiś câprameyair evaṃ-prakārair evaṃ-jātī yair guṇagaṇaih samanvāgato bhaviṣyati/ acirād eva vajrapāṇe vajradhara paramārthā-nāmasaṃgīti-saṃdhāraka-puruṣa-puṃgavaḥ susaṃbhṛta-puṇya-jñāna-saṃbhāraḥ kṣiprataraṃ buddhaguṇān samudānīyânuttarāṃ samyaksaṃbodhim abhisaṃbhotsyate/ analpa-kalyāṇaparinirvāṇa-dharmaḥ sarva-sattvānām anuttara-dharmadeśako 'dhiṣṭhito daśa-dik-saddharmadundubhir dharmarāja iti//

乙 咒鬘及結頌

一 咒鬘

**oṃ sarva-dharmābhāva-svabhāva-viśuddha-vajra
a ā aṃ aḥ**[5]

（一切諸法無有性，自性清淨如金剛）

**prakṛti-pariśuddhāḥ-sarvadharmā yad uta sarva-thāgata-
jñānakāya-mañjuśrī-pariśuddhitām upādāyêti a āḥ**[6]

（本性清淨一切法，依諸如來之智身，妙吉祥圓滿清淨）

sarva-tathāgata-hṛdayaṃ hara hara oṃ huṃ hrīḥ[7]

（獲得一切如來心）

5 依月賢稱（Candrabhadrakīrti），此為六密咒王中「金剛利」之心咒。
6 六密咒王中「斷煩惱」之心咒。
7 六密咒王中「般若智化身」之心咒。

bhagavan jñāna mūrte[8]

（世尊即是智化身）

vāgīśvara mahāvaca[9]

（辯自在廣大成熟）

sarva-dharma-gaganāmala-supariśuddha-dharmadhātu-jnāna-garba āḥ[10]

（諸法如虛空無垢，極清淨法界智藏）

上來咒鬘

// mantravinyāsa //

---

8 六密咒王中「智身」之心咒。

9 六密咒王中「辯自在」之心咒。

10 六密咒王中「五字文殊」之心咒。

二　結頌

163 爾時吉祥金剛持　合掌悅樂作隨喜
向彼怙主等正覺　世尊如來作敬禮

164 其餘諸種怙主眾　秘密主與金剛手
與忿怒王同讚嘆　高聲如是而白言

165 怙主我等今隨喜　善哉善哉善妙說
令我等得大義利　正等正覺能證得

166 世間無所依怙故　由是渴求解脫果
宣說幻化網妙理　此乃清淨吉祥道

167 甚深微妙與廣大　為世間作大義利
如是諸佛之境界　正等覺者已宣說

上來結頌五頌。

// upasaṃhāra-gāthāḥ pañca //

此節梵文為：

atha vajradharaḥ śrīmān hṛṣṭatuṣṭaḥ kṛtāñjaliḥ/

praṇamya nāthaṃ saṃbuddhaṃ bhagavantaṃ tathāgataṃ // (163)

anyaiś ca bahubhir nāthair guhyendrair vajrapāṇibhiḥ/

sa sārddhaṃ krodharājānaiḥ provācoccair idaṃ vacaḥ // (164)

anumodāmahe nātha sādhu sādhu subhāṣitam/

kṛto 'smākaṃ mahān arthaḥ samyaksambodhiprāpakaḥ // (165)

jagataś cāpy ānāthasya vimuktiphalakāṃkṣiṇaḥ/

śreyo mārgo viśuddho 'yav māyājālanayoditaḥ // (166)

gambhīrodāravaipulyo mahārtho jagadarthakṛt/

buddhānāṃ viṣayo hy eṣa samyaksaṃbuddhabhāśitaḥ // (167)

大瑜伽續《聖幻化網一萬六千頌》三摩地網品中，世尊如來正等覺之所說。

世尊妙吉祥智勇識，最勝義誦（真實）名圓滿。

//āryamāyājālāt ṣoḍasa sāhasrikān mahāyogatantrāntaḥpāti samādhi-jālapaṭalād bhagavat-tathāgata-śākyamunibhāṣitā bhagavato mañjuśrī-jñāna sattvasya paramārthā nāmasaṃgītiḥ parisamāptā//

【譯者跋】

西元二千又七年六月廿一日，譯事初竣，密乘行人蓮花藏（Padmagarbha）來謁見余，緣起吉祥。於西元二千又八年元旦，修訂完竣，因囑蓮花藏依此譯精進漢文，以期能助我校勘繙譯。頻年譯事繁忙，若有少份功德，願悉回向於此妙吉祥真實名教法，令一切有情能獲六輪功德。無畏記

妙吉祥友

Mañjuśrīmitra

附錄

《妙吉祥真實名誦教授》
梵名：Mañjuśrīnāmasaṃgītyupadeśa[1]

妙吉祥友尊者 造
談錫永 譯

初，尋思我為一切有情故，願成佛道。

然後由誦 a ā、i ī、u ū、e ai、o au、aṃ aḥ，生起光鬘，是即自行者心中由空性生起阿里卡里（ālikāli）字鬘，成為壇城基。

於壇城中央觀日輪獅子座，復由唸誦 ——

> sthito hṛdi jñana-mūrtir ahaṃ buddho buddhānāṃ tryadhva-vartināṃ（第 26 頌）

觀想大毘盧遮那佛普行門。觀其心間有本初佛，本初佛心間觀般若智輪。

持咒唸誦云 ——

> oṃ vajratīkṣṇa te namaḥ oṃ duḥkhaccheda te namaḥ
>
> oṃ prajnā-jñāna-mūrtaye te namaḥ oṃ jñāna-kāya te namaḥ
>
> oṃ vāgīśvara te namaḥ oṃ arapacanaya te namaḥ（第 27 頌）

---

1 此翻譯所依藏譯，題為 *'Jam dpal gyi mtshan gdon pa'i man ngag*，收德格版《西藏大藏經》no.2555。

隨觀想智輪有六輻。輪上方有月輪，月輪上為智勇識 ཨ 。復觀想 ཨ 字光輝入行者自心成六壇城。行者唸誦第 28 頌「如是世尊諸佛陀」起至第 41 頌「是大乘道尊勝者」，如是持金剛菩提心壇城而誦妙吉祥真實名。由誦此十四頌，即與由智勇識 ཨ 生起之真實名相應。所誦字鬘幻化為金剛菩提心壇城中諸尊。彼等現前為有情作事業已，復收攝入壇城。觀想其環繞大毘盧遮那佛。

復次，由第 42 頌「彼大毘盧遮那佛」起至第 66 頌「金剛鉄鈎大罥索」，以唸誦此二十五頌缺一句，共一百八十一字，與心輪智勇識 ཨ 所現前之唸誦諸名相應，諸字即幻化為毘盧遮那壇城諸尊，於為諸有情作事業後，成為大毘盧遮那佛之親近眷屬。

更者，自「怖畏金剛能怖畏」起至第 76 頌「較世間音為最勝」，由唸誦此十頌加一句，字鬘與由心輪智勇識 ཨ 所現前之唸誦諸名相應，諸字於不動佛壇城中幻化現前，調服世間具毒有情眾，復觀其攝集於大壇城東方。

又更者，自第 77 頌「如如真實而無我」起至第 118 頌「智火熾燄極光明」，由唸誦此四十二頌，共二百三十五字，得與心輪智勇識 ཨ 所現前之唸誦諸名相應，字鬘現前，即於阿彌陀佛壇城中幻化。彼等作利益有情事業已，攝集於大壇城西方。

其後自第 119 頌「最上所樂義成就」起至第 142 頌「寶幢具大摩尼頂」，由唸誦此二十四頌、一百二十四字字鬘，得與心輪智勇識 ཨ 所現前之諸名相應。觀彼等於寶生佛壇城中幻化現前，作利益有情事業已，攝集於大壇城之南方。

最後，自第 143 頌「諸等正覺者所悟」起至第 157 頌「最勝吉祥妙吉祥」，由唸誦此十五頌、九十九字字鬘，得與心輪智勇識 ཨ 所現前之諸名相應，觀彼等於不空成就佛壇城中幻化，成就諸有情之所願已，攝集於大壇城北方。

於是總緣六壇城，自第 28 頌「如是世尊諸佛陀」起至第 157 頌「最勝吉祥妙吉祥」，作讚頌與獻供而唸誦。然後緣大壇城全體，唸第 158 頌至第 162 頌，以二十讚頌而作讚頌。

讚頌後，作祈願。然後由 oṃ svabhāva 等明咒，為一切有情眾能得無上解脫故，轉化成善根。觀一切法無垢且圓滿、自性清淨而離迷惑，是即妙音之自性，猶如虛空。

於修道上可依其他儀軌作事業。如是，於積二資糧及真實名中，善種姓即成積集。此謂有二百六十二頌，於中一百五十頌屬於功德，故此即為諸佛真實名誦，含利益份。

此《妙吉祥真實名誦》之不共教授，由妙吉祥友阿闍梨造。圓滿。

譯者簡介

談錫永，廣東南海人。童年隨長輩學佛，至二十九歲時學習藏密。於三十九歲時，得甯瑪派金剛阿闍梨位。1986 年由香港移居夏威夷，1993 年移居加拿大。

早期佛學著述，收錄於張曼濤編《現代佛教學術叢刊》；近期著作結集為《大中觀論集》。通俗佛學著述結集為《談錫永作品集》。主編《佛家經論導讀叢書》並負責《金剛經》、《四法寶鬘》、《楞伽經》及《密續部總建立廣釋》之導讀。其後又主編《甯瑪派叢書》及《大中觀系列》。

所譯經論，有《入楞伽經》、《四法寶鬘》（龍青巴著）、《密續部總建立廣釋》（克主傑著）、《大圓滿心性休息》及《大圓滿心性休息三住三善導引菩提妙道》（龍青巴著）、《寶性論》（彌勒著、無著釋）、《辨法法性論》（彌勒造、世親釋）、《六中有自解脫導引》（事業洲巖傳）、《決定寶燈》（不敗尊者造）、《獅子吼廣説如來藏》（不敗尊者造）、《聖妙吉祥真實名經》、《吉祥金剛薩埵意成就》（伏藏主洲巖傳）等。且據敦珠法王傳授《大圓滿心髓修習明燈》，註疏《大圓滿禪定休息》。

近年發起組織「北美漢藏佛學研究會」（www.stbsa.org），得二十餘位國際知名佛學家加入，與中國人民大學國學院合辦《漢藏佛學研究叢書》及《漢藏佛學》年刊。現為中國人民大學國學院客座教授，主持「漢藏佛學研究中心」，致力培訓年青學者從事漢藏佛學研究。

梵校者簡介

馮偉強，出生於香港，原籍廣東鶴山。美國紐約哥倫比亞大學（Columbia University）文學士、加拿大麥基爾大學（McGill University）醫學博士。現為加拿大皇家內外科醫學院院士，於多倫多任職內科專科醫生。隨談錫永上師修學甯瑪派教法多年，並參與「北美漢藏佛學研究會」的研究工作，專注梵文佛典的對勘。近年致力向西方社會推廣西藏密宗靜坐。

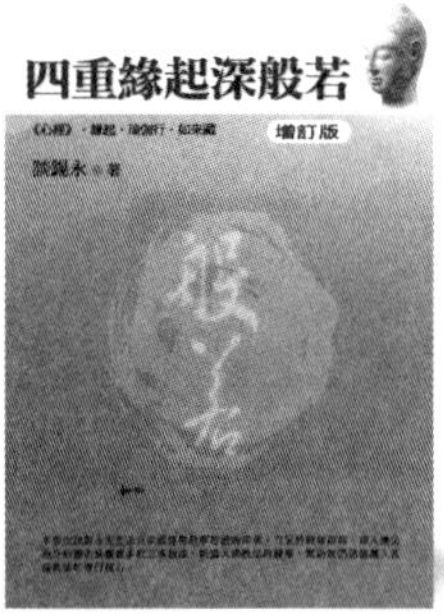

《四重緣起深般若》(增定版)－
《心經》・緣起・瑜伽行・如來藏

談錫永 著/平裝/NT$420元

本書由談錫永先生依自宗藏傳佛教寧瑪派的傳承，立足於觀修而寫，深入淺出地介紹般若波羅蜜多的三系教法，統攝大乘教法的精華，幫助我們迅速趨入甚深教法的修行核心。

《心經內義與究竟義》－
印度四大論師釋《心經》

談錫永等 著譯/平裝/NT$350元

《心經》為般若經典的精華，也是能解脫煩惱苦厄得到究竟安樂的智慧經典。本書精彩而豐富地闡述《心經》的釋論精華，讀者藉由本書不僅可窺見八世紀至十一世紀印度大論師詮釋《心經》的風範，也能對《心經》於漢藏兩地的弘播與繙譯，提供更深入的認識。

《聖入無分別總持經》對勘及研究

沈衛榮、邵頌雄 校研・馮偉強 梵校・談錫永 導論/NT$390元

《聖入無分別總持經》是大乘佛教的重要經典，其基本的內容為：佛陀以「入無分別總持」，向以無分別照明菩薩為首的眷屬大眾，開示速捷證得入無分別的殊勝妙法，其重點在於開示住於無分別界的意義，與證得無分別的方法。

本書從歷史、語言、教法等不同角度，研究《聖入無分別總持經》的弘播年代、繙譯、以至此經對早期瑜伽行派的影響，更從實修觀點來論說瑜伽行派如何教導入無分別的體性及修證，又依甯瑪派的觀點來作引證。

《入楞伽經》梵本新譯

談錫永 譯著/平裝/NT$320元

印度瑜伽行派、漢土早期禪宗、西藏甯瑪、噶舉、薩迦等佛家宗派，皆以《入楞伽經》為根本經典，亦以經中所說之如來藏思想為觀修之究竟見。

談錫永上師今取現存之《楞伽》梵本，重新繙譯此經，細註舊譯之誤譯與添譯處，並於重要之文句附上梵文的羅馬字轉寫；復依自宗甯瑪派了義大中觀的見地，闡明「如來藏藏識」之義理，希望本譯能破解學者對研讀《入楞伽經》的疑難。

《寶性論》梵本新譯

談錫永 譯著/平裝/NT$320元

《寶性論》為佛教重要論典，本論建立了「七金剛句」，將佛寶、法寶、僧寶、如來藏、證菩提、功德、事業等這七個主題並列，以佛法僧三寶為觀修的因，並以佛及眾生依本具的如來藏為觀修的中心，經過實踐修行的歷程，最後證得佛果菩提，具足一切佛法功德，圓滿濟度眾生的事業。

透過本書作者精湛的分析與釋論，能幫助讀者清晰地掌握修行的脈絡，迅疾趨入究竟的解脫大道。

《如來藏論集》

談錫永、邵頌雄 著/平裝/NT$330元

在智境上覆障著識境，如是的一個境界，便名為如來藏。法身不離煩惱纏，故於一切有情的煩惱身中，皆具足清淨的如來本性，也就是說每一個眾生都有佛性。透過本論集對如來藏精闢的探究與分析，以及如何觀修如來藏等談論述，對於佛法的抉擇與實修，能提供相當廣大的助益與參考，是現代佛教知識份子不可錯過的著作。

《如來藏二諦見－不敗尊者說如來藏》

談錫永、邵頌雄 著譯/平裝/NT$360元

法身以本具功德，不可說之為空；識境自顯現雖隨緣而成有，但因其未嘗剎那與法身離異，故亦不得籠統說之為有，只能說「緣起有」。此乃大中觀施設二諦之堅定立場。不解如來藏義，橫生枝節加以否定者，即由於不知大中觀持何立場以施設二諦。

《聖妙吉祥真實名經》梵本校譯

談錫永 譯著・馮偉強 梵校/平裝/NT$390元

《聖妙吉祥真實名經》為無上密續部重要經典，說如來藏之觀修，亦即妙吉祥不二法門之觀修。由此開展，則可建立為依金剛薩埵為主尊之《大幻化網續》，以及一切無二續。

《聖妙吉祥真實名經》釋論三種

談錫永 導論・馮偉強、黃基林 校譯/平裝/NT$390元

《聖妙吉祥真實名經》為觀修三轉法輪教法的重要經典。本經藉「幻化網現證菩提」壇城，令行者藉觀修而得現證妙吉祥不二法門。談錫永上師早前根據今傳四種梵本重新校譯本經，解決古譯文句互異的問題，更譯出釋論三種，解決文義難明與具體觀修無所依等二疑難。

《辨中邊論釋》校疏

談錫永 校疏・邵頌雄 前論/平裝/NT$400元

依甯瑪派教法，本論可依大中觀的加行道來作抉擇。以加行道的層次來治本論，亦為印度瑜伽行派的傳統。

大中觀系列08

《聖妙吉祥真實名經》梵本校譯

譯　　者　談錫永
梵　　校　馮偉強
美術編輯　李琨
出　　版　全佛文化事業有限公司
　　　　　訂購專線：(02)2913-2199
　　　　　傳真專線：(02)2913-3693
　　　　　發行專線：(02)2219-0898
　　　　　匯款帳號：3199717004240 合作金庫銀行大坪林分行
　　　　　戶　　名：全佛文化事業有限公司
　　　　　E-mail：buddhall@ms7.hinet.net
　　　　　http://www.buddhall.com
門　　市　新北市新店區民權路95號4樓之1（江陵金融大樓）
　　　　　門市專線：(02)2219-8189
行銷代理　紅螞蟻圖書有限公司
　　　　　台北市內湖區舊宗路二段121巷19號（紅螞蟻資訊大樓）
　　　　　電話：(02)2795-3656
　　　　　傳真：(02)2795-4100

初版一刷　2008年06月
初版二刷　2016年09月
定　　價　新台幣390元
I S B N　978-986-6936-31-9（平裝）

國家圖書館出版品預行編目資料

《聖妙吉祥真實名經》梵本校譯 / 談錫永
譯著；馮偉強梵校. -- 初版. --新北市：
全佛文化, 2008.06
面；　公分. －(大中觀系列)
ISBN 978-986-6936-31-9(平裝)

1.藏傳佛教　2.注譯
226.962　　　　97010674

Buddhall

Published by BuddhAll Cultural Enterprise Co.,Ltd.